bvbooks
eu leio

Educa a criança no caminho em que deve andar; e até quando envelhecer não se desviará dele.

—

Provérbios 22:6, ACF

bvbooks

BV Films Editora Ltda.
Rua Visconde de Itaboraí, 311
Centro | Niterói | RJ | 24.030-090
55 21 2127-2600 | www.bvfilms.com.br

Edição publicada sob permissão contratual com FreeMan-Smith, LLC, PO Box 50, Nashville, TN 37202, com o título de *20 Things I Need to Tell My Son*.
Copyright ©2010 by FreeMan-Smith. *Translated and used by permission of FreeMan-Smith.*
All Rights Reserved.

Todos os direitos reservados e protegidos pela Lei 9610/98. É expressamente proibida a reprodução deste livro, no seu todo ou em parte, por quaisquer meios, sem o devido consentimento por escrito.

EDITOR RESPONSÁVEL
Claudio Rodrigues

COEDITOR
Thiago Rodrigues

As passagens bíblicas utilizadas nesta obra foram, majoritariamente, da Nova Versão Internacional (NVI) e algumas da Almeida Corrigida e Revisada Fiel (ACF). Todos os direitos reservados.

DIAGRAMAÇÃO E ADAPTAÇÃO CAPA
Chayanne Maiara

TRADUÇÃO
Mitsue Siqueira

Os conceitos concebidos nesta obra não, necessariamente, representam a opinião da BV Books, selo editorial BV Films Editora Ltda. Todo o cuidado e esmero foram empregados nesta obra; no entanto, podem ocorrer falhas por alterações de software e/ou por dados contidos no original. Disponibilizamos nosso endereço eletrônico para mais informações e envio de sugestões: faleconosco@bvfilms.com.br.

COPIDESQUE
Christiano Titoneli

REVISÃO DE TEXTO
Ana Carolina Salerno
Louise Figueiredo
Ariana Fátima C. Baptista

Todos os direitos em língua portuguesa reservados à BV Films Editora ©2014.

SMITH, FreeMan. *20 Coisas que eu Preciso Dizer ao Meu Filho.*
Rio de Janeiro: BV Books, 2014.

ISBN	978-85-8158-020-3
1ª edição	Julho | 2012
1ª Reimpressão	Fevereiro | 2014
Impressão	Promove
Categoria	Moral Cristã | Teologia Devocional

Impresso no Brasil | Printed in Brazil

UMA MENSAGEM AOS PAIS

20 COISAS
QUE EU PRECISO DIZER AO MEU FILHO

Devocionais para Fortalecer seu Relacionamento

Índice de Temas

Introdução	9
1. O Plano de Deus	11
2. Oração	19
3. Fé	27
4. Retidão	37
5. Humildade	45
6. Celebração	53
7. Otimismo	63
8. Ética de Reciprocidade e Respeito	77
9. Aprendizado Contínuo	89
10. Responsabilidade	101
11. Perseverança	113
12. Pensamento Positivo	125
13. Pressão dos Colegas	135
14. Materialismo	147
15. Tentação	159
16. Trabalho	171
17. Perspectiva Eterna	185
18. Adversidade	197
19. Proteção	205
20. Vida Eterna	217

INTRODUÇÃO

Uma Mensagem aos Pais

Pelo fato de vocês serem mais velhos e mais sábios do que seu filho, vocês têm muito a ensinar a ele (mesmo que ele não pense assim). Mas quais lições devem ser ensinadas primeiro? Afinal de contas, provavelmente vocês têm centenas de ideias em mente, e todas são importantes. E com tanto a se considerar, talvez haja dificuldade para organizar os pensamentos. Pode ser também que vocês não tenham tempo para se sentar com seu filho e compartilhar suas próprias lições de vida de uma forma sistemática. Se esse é o caso de vocês, este livro pode ajudar.

Os textos focam em vinte grandes princípios para os cristãos, lições que seu filho precisa desesperadamente saber. Portanto, eis a missão, pais: leiam este livro, incluam seus princípios pessoais e depois separem uma série de momentos para ter uma conversa cara a cara, de pais para filho e sem interrupções com o jovem que Deus deixou aos seus cuidados. Façam o possível para reservar tempo suficiente para explorar estes conceitos a fundo e não tenham medo de compartilhar suas próprias experiências: suas vitórias, derrotas e lições que vocês aprenderam ao longo do caminho.

Vivemos em um mundo no qual muitos pais têm terceirizado a tarefa de criar seus filhos, o que inevitavelmente gera consequências. E não tenham dúvidas de que seu filho aprenderá sobre a vida com alguém; na verdade, ele faz isso todos os dias — algumas lições são boas e outras não. Então, perguntem a si mesmos: seu filho está aprendendo com o mundo ou com vocês? O mundo irá, às vezes, desviá-lo intencionalmente do caminho, mas vocês nunca farão isso. Portanto, peguem este livro, peguem suas anotações, separem um momento para ficar com seu filho e tenham a conversa sincera que vocês merecem.

1ª Coisa que Eu Preciso Dizer ao Meu Filho

DEUS TEM UM PLANO PARA SUA VIDA QUE É MAIOR (E MELHOR) DO QUE O SEU.

"Porque sou eu que conheço os planos que tenho para vocês", diz o Senhor, "planos de fazê-los prosperar e não de lhes causar dano, planos de dar-lhes esperança e um futuro."

—

Jeremias 29:11

Conversem com Seu Filho
Sobre Plano de Deus

A Bíblia não deixa dúvidas: Deus tem planos — grandes planos — para vocês e para a sua família. Mas Ele não forçará ninguém a aceitá-los — se quiserem experimentar a abundância reservada por Deus, vocês precisam estar dispostos a aceitar Sua vontade e a seguir Seu Filho.

Como cristãos, vocês e os membros da sua família devem fazer a seguinte pergunta a si mesmos: "De que maneira podemos fazer nossos planos serem como os planos de Deus?" Quanto mais se dedicarem a seguir o caminho que Ele designou para suas vidas, melhor.

Certamente seu filho tem algumas preocupações relacionadas aos problemas atuais dele, e vocês devem motivá-lo a entregar essas preocupações a Deus em oração. Ele tem esperanças e sonhos, e vocês precisam encorajá-lo a falar com Deus sobre esses sonhos. Seu filho está fazendo planos para o futuro e, a propósito, apenas o Criador conhece esse futuro. Vocês devem pedir para ele deixar Deus direcionar seus passos.

Portanto, lembrem-se de que Ele quer usar vocês — e seu filho — de maneiras inesperadas e maravilhosas, e cabe a vocês buscar o plano que Ele tem para suas vidas à medida que o encorajam a fazer o mesmo. Quando fizerem isso, descobrirão que os planos de Deus são sublimes e gloriosos... mais do que qualquer um imagina.

Sabemos que Deus age em todas as coisas para o bem daqueles que o amam, dos que foram chamados de acordo com o seu propósito.

—

Romanos 8:28

O que Mais a Palavra de Deus nos Diz Sobre Direcionamento dado por Cristo

Eu o instruirei e o ensinarei no caminho que você deve seguir; eu o aconselharei e cuidarei de você.

Salmos 32:8

Porque todos os que são guiados pelo Espírito de Deus são filhos de Deus.

Romanos 8:14

Tu, Senhor, manténs acesa a minha lâmpada; o meu Deus transforma em luz as minhas trevas.

Salmos 18:28

Reconheça o Senhor em todos os seus caminhos, e ele endireitará as suas veredas.

Provérbios 3:6

O Soberano Senhor deu-me uma língua instruída, para conhecer a palavra que sustém o exausto. Ele me acorda manhã após manhã, desperta meu ouvido para escutar como alguém que é ensinado. O Soberano Senhor abriu os meus ouvidos, e eu não tenho sido rebelde; eu não me afastei.

Isaías 50:4-5

OUTRAS GRANDES IDEIAS

É incrível perceber que tudo que fazemos todos os dias tem um propósito maior no plano de Deus.

Bill Hybels

Deus tem um plano para a vida de cada cristão. Todas as circunstâncias, todas as situações do destino, tudo trabalha junto para o nosso bem e para a Sua glória.

Billy Graham

Se nenhum fio de cabelo cai sem que nosso Pai saiba, temos razões suficientes para ver que até mesmo os menores acontecimentos de nossa carreira e vida são planejados por Ele.

C.H. Spurgeon

Deus preparou uma trajetória para a sua vida, e nem todas as fraquezas do mundo O farão mudar de ideia. Ele estará com você a cada passo e, mesmo que demande tempo, Ele tem planejado uma comemoração para quando você cruzar os "Mares Vermelhos" da sua vida.

Charles Swindoll

Nosso Pai Celestial nunca tira nada de nós, a não ser quando Ele quer nos dar algo melhor.

George Mueller

Eu pensava que o propósito de Deus era me encher de felicidade e alegria, e na verdade é; mas felicidade e alegria do ponto de vista dele, e não do meu.

Oswald Chambers

Se você acredita em um Deus que controla as grandes coisas, você precisa acreditar em um Deus que controla as pequenas coisas. Afinal de contas, somos nós quem as vemos "grandes" ou "pequenas".

Elisabeth Elliot

Eu não tenho dúvidas de que o Espírito Santo direciona as decisões em seu interior a partir do momento em que você escolhe tomá-las para agradar a Deus. Errado seria pensar que Ele fala apenas ao seu interior, enquanto, na verdade, Ele também fala por meio das Escrituras, da Igreja, dos amigos em Cristo e dos livros.

C.S. Lewis

Pontos Importantes:

Anotem pelo menos três coisas, que seu filho precisa saber, relacionadas ao plano de Deus:

_____
_____
_____
_____
_____
_____
_____
_____
_____
_____
_____
_____
_____
_____
_____
_____
_____

Momento de Oração:

Escrevam uma oração para seu filho com base neste capítulo:

Senhor,

_____
_____
_____
_____
_____
_____
_____
_____
_____
_____
_____
_____
_____
_____
_____

Amém

2ª Coisa que Eu Preciso Dizer ao Meu Filho

A ORAÇÃO É MAIS PODEROSA DO QUE VOCÊ IMAGINA. POR ISSO, SE VOCÊ PRECISAR DE ALGUMA COISA, PEÇA A DEUS.

Por isso lhes digo: Peçam, e lhes será dado; busquem, e encontrarão; batam, e a porta lhes será aberta.

—

Lucas 11:9

Conversem com Seu Filho sobre Oração

A oração verdadeira e sincera faz mudanças significantes em nós e no nosso mundo. Quando elevamos nossos corações a Deus, nós nos abrimos a uma fonte eterna de sabedoria divina e amor infinito. Então, como pais cristãos, vocês precisam ter a certeza de que seu filho entende o poder e a necessidade da oração. E a melhor forma de fazer isso é, obviamente, dando o exemplo.

A oração faz parte da vida de sua família ou ela não é um hábito muito presente? Vocês oram "sem cessar" ou ficam adiando esse momento? Vocês honram a Deus regularmente no silêncio da manhã ou abaixam suas cabeças apenas enquanto os outros estão olhando?

A qualidade da vida espiritual do seu filho será diretamente proporcional à qualidade de sua vida de oração. A oração transforma tudo e, também, irá transformá-lo. Então, quando ele estiver se preocupando demais com as coisas, peça para entregá-las a Deus em oração. E quando vocês fizerem isso, não se limitem a orar apenas antes das refeições ou na hora de dormir. Vejam se sua família está orando pelas coisas grandes e pequenas, porque Deus está ouvindo, mas Ele quer ouvir de você agora.

Digo-lhes a verdade: Aquele que crê em mim fará também as obras que tenho realizado. Fará coisas ainda maiores do que estas, porque eu estou indo para o Pai. E eu farei o que vocês pedirem em meu nome, para que o Pai seja glorificado no Filho. O que vocês pedirem em meu nome, eu farei.

—

João 14:12-14

O que Mais a Palavra de Deus nos Diz sobre Oração

A oração de um justo é poderosa e eficaz.

Tiago 5:16

Que as palavras da minha boca e a meditação do meu coração sejam agradáveis a ti, Senhor, minha Rocha e meu Resgatador!

Salmos 19:14

Mas Jesus retirava-se para lugares solitários, e orava.

Lucas 5:16

Não andem ansiosos por coisa alguma, mas em tudo, pela oração e súplicas, e com ação de graças, apresentem seus pedidos a Deus.

Filipenses 4:6

Alegrem-se na esperança, sejam pacientes na tribulação, perseverem na oração.

Romanos 12:12

OUTRAS GRANDES IDEIAS

Algumas pessoas acham que Deus não gosta de ser perturbado com nossos pedidos constantes. Na verdade, incomodamos Deus realmente quando não oramos.

D.L. Moody

Se você quer mais da vida, peça mais a Deus.

Criswell Freeman

Entenda que nós precisamos pedir. Algumas vezes será difícil ouvir e entender o que ouvimos, mas, pessoalmente, vale a pena. Eu busco o caminho da vida — e somente Ele conhece esse caminho.

John Eldredge

A ajuda de Deus está sempre disponível, mas ela só é concedida àqueles que a buscam.

Max Lucado

Não tenha medo de pedir qualquer coisa que você precise ao seu Pai Celestial. Na verdade, nada é pequeno demais para ter Sua atenção ou grande demais para o Seu poder.

Dennis Swanberg

Deus nos ajudará a ser o povo que devemos ser, mas só se nós pedirmos isso a Ele.

Hannah Whitall Smith

Nós honramos a Deus ao pedir grandes coisas que fazem parte de Sua promessa, mas nós O desonramos e traímos a nós mesmos ao pedirmos um montinho de terra quando, na verdade, Ele nos prometeu montanhas.

Vance Havner

Fale Sobre Oração

Pontos Importantes:

Anotem pelo menos três coisas, que seu filho precisa saber, relacionadas ao poder da oração:

Momento de Oração:

Escrevam uma oração para seu filho com base neste capítulo:

Senhor,

___

___

___

___

___

___

___

___

___

___

___

___

___

Amém

3ª Coisa que Eu Preciso Dizer ao Meu Filho

COM FÉ, VOCÊ PODE MOVER MONTANHAS; SEM FÉ, VOCÊ NÃO PODE.

Eu lhes asseguro que se alguém disser a este monte: 'Levante-se e atire-se no mar', e não duvidar em seu coração, mas crer que acontecerá o que diz, assim lhe será feito.

—

Marcos 11:23

Conversem com Seu Filho Sobre Fé

Pelo fato de vivermos em um mundo exigente, todos nós, pais e filhos, temos montanhas para escalar e montanhas para mover, e movê-las requer fé. A experiência de tentar mover essas montanhas com Deus constrói nosso caráter.

A fé, assim como um pequeno grão, pode ser semeada ou negligenciada. Quando semeamos nossa fé por meio da oração, da meditação e da adoração, Deus abençoa nossas vidas e edifica nossa alma. Mas quando deixamos de buscar ao Pai, prejudicamos a nós mesmos e os nossos entes queridos.

Vocês são pessoas que movem montanhas, cuja fé é claramente mostrada a seu filho? Ou vocês são daqueles que logo se encolhem de medo? Enquanto tentam responder a essas perguntas, pensem nisto: Deus precisa de mais pessoas — e especialmente de mais pais — que estejam dispostos a mover montanhas para a Sua glória e para o Seu reino.

Cada vida — incluindo a do seu filho — é uma série de vitórias e derrotas. A cada passo da jornada, em cada conquista e provação, Deus caminha com seu filho sempre pronto e disposto a fortalecê-lo. Por isso, da próxima vez que o caráter dele for testado, faça-o lembrar de que ele deve entregar as preocupações a Deus e de que nenhum problema é grande demais para o Criador do universo.

Com Deus tudo é possível, e Ele está pronto para abrir uma gama de possibilidades para seu filho e para vocês... se vocês tiverem fé. Sendo assim, sem mais delongas, comecem a mover sua montanha.

Se vocês não ficarem firmes na fé, com certeza não resistirão!

—

Isaías 7:9

*Porque vivemos por fé,
e não pelo que vemos.*

—

2 Coríntios 5:7

O QUE MAIS A PALAVRA DE DEUS NOS DIZ SOBRE ADORAÇÃO

Alegrei-me com os que me disseram: Vamos à casa do Senhor.

Salmos 122:1

No entanto, está chegando a hora, e de fato já chegou, em que os verdadeiros adoradores adorarão o Pai em espírito e em verdade. São estes os adoradores que o Pai procura. Deus é espírito, e é necessário que os seus adoradores o adorem em espírito e em verdade.

João 4:23-24

Pois onde se reunirem dois ou três em meu nome, ali eu estou no meio deles.

Mateus 18:20

Para que ao nome de Jesus se dobre todo joelho, no céu, na terra e debaixo da terra, e toda língua confesse que Jesus Cristo é o Senhor, para a glória de Deus Pai.

Filipenses 2:10-11

Outras Grandes Ideias

Há muitas coisas na vida que são difíceis de entender, mas a fé permite que a alma vá além do que os olhos podem ver.

John Maxwell

A ideia mais conhecida de fé é a de um otimismo obstinado: a esperança, a tenacidade mostrada diante do problema e o pensamento de que o universo é fundamentalmente um amigo e de que as coisas vão melhorar.

J.I. Packer

Sou verdadeiramente grato, porque a fé me capacita a ir além da pergunta "por quê?"

Zig Ziglar

Quando entrarmos na "escola da fé", nunca saberemos o que vai acontecer depois. Uma vida de fé lança desafios que nos fazem continuar andando — e crescendo!

Warren Wiersbe

As asas da fé são cortadas pela tesoura da razão.

R.G. Lee

Ter fé é acreditar no que não se vê, e a recompensa da fé é ver aquilo em que você acredita.

—

St. Agostinho

Pontos Importantes:

Anotem pelo menos três coisas, que seu filho precisa saber, relacionadas à fé:

_____
_____
_____
_____
_____
_____
_____
_____
_____
_____
_____
_____
_____
_____
_____
_____
_____

Momento de Oração:

Escrevam uma oração para seu filho com base neste capítulo:

Senhor,

Amém

4ª Coisa que Eu Preciso Dizer ao Meu Filho

AGIR CORRETAMENTE É MAIS IMPORTANTE DO QUE SER POPULAR.

Fuja dos desejos malignos da juventude e siga a justiça, a fé, o amor e a paz, juntamente com os que, de coração puro, invocam o Senhor.

—

2 Timóteo 2:22

Conversem com Seu Filho
Sobre Fazer o que é Certo

Se o seu filho for como a maioria dos homens, ele buscará a admiração dos amigos e colegas de classe. Mas a ânsia de agradar aos outros não deve nunca exceder à ânsia de agradar a Deus. Ele tem grandes planos para o seu filho e, se seu filho pretende realizar esses planos seguindo Jesus, ele precisa em primeiro lugar agradar ao Pai, sempre.

Cada dia da nossa vida é uma aventura de grandes decisões. A cada dia, seu filho fará escolhas que, assim se espera, o farão se aproximar de Deus. Quando obedecer aos Seus mandamentos, ele experimentará Sua abundância e Sua paz. Mas se seu filho virar as costas para Ele por meio da desobediência, consequentemente ele convidará o velho amigo Problema para fazer visitas frequentes.

Vocês querem que seu filho seja bem-sucedido e feliz? Então, encorajem-no a estudar a Palavra de Deus e a viver segundo os princípios das Escrituras. Se seu filho seguir esse conselho, quando ele tiver de fazer uma escolha difícil ou quando passar por uma grande tentação (o que certamente vai acontecer), ele estará preparado para enfrentar o inimigo de cabeça erguida.

Fale Sobre Retidão

Portanto, como pais responsáveis, sua tarefa é encorajar seu filho a buscar a aprovação de Deus em todos os aspectos da vida. Isso parece simples demais? Talvez até seja, mas é também a única maneira de ele alcançar as grandes maravilhas que Deus reserva.

———◆———

Porque os olhos do Senhor estão sobre os justos e os seus ouvidos estão atentos à sua oração, mas o rosto do Senhor volta-se contra os que praticam o mal.

—

1 Pedro 3:12

O que Mais a Palavra de Deus Nos Diz Sobre Obediência

Sejam sábios no procedimento para com os de fora; aproveitem ao máximo todas as oportunidades.

Colossenses 4:5

E não nos cansemos de fazer o bem, pois no tempo próprio colheremos, se não desanimarmos. Portanto, enquanto temos oportunidade, façamos o bem a todos, especialmente aos da família da fé.

Gálatas 6:9-10

Meus irmãos, considerem motivo de grande alegria o fato de passarem por diversas provações, pois vocês sabem que a prova da sua fé produz perseverança. E a perseverança deve ter ação completa, a fim de que vocês sejam maduros e íntegros, sem lhes faltar coisa alguma.

Tiago 1:2-4

Bem-aventurados os puros de coração, pois verão a Deus.

Mateus 5:8

Busquem, pois, em primeiro lugar o Reino de Deus e a sua justiça, e todas essas coisas lhes serão acrescentadas.

Mateus 6:33

OUTRAS GRANDES IDEIAS

A impureza não é apenas uma ação errada; a impureza é o estado de espírito, de coração e de alma que se opõe totalmente à pureza e à plenitude.

A.W. Tozer

A retidão não apenas define Deus, mas Deus define a retidão.

Bill Hybels

Abra seu coração para Cristo e Ele o visitará sempre, transformando os dias da semana em domingos, as refeições em momentos sagrados, sua casa em um templo e a Terra em céu.

C.H. Spurgeon

O que Deus está procurando? Ele procura por homens e mulheres cujos corações são completamente dele.

Charles Swindoll

A santidade não é o caminho para Jesus — Jesus é o caminho para a santidade.

Anônimo

O melhor de tudo é ser reconhecido como filho de Deus, vivendo cada dia como se fosse o último, mas planejando como se o mundo fosse durar mais algumas centenas de anos.

C.S. Lewis

Ouvir a verdade de Deus e colocá-la em nossa cabeça é uma coisa, mas viver Sua verdade e colocá-la em nosso caráter é outra.

Warren Wiersbe

Ninguém é bom por acidente e ninguém se torna santo por acaso.

C.H. Spurgeon

Muitas dificuldades que vivenciamos como cristãos podem ser relacionadas à falta de leitura da Bíblia. Não devemos nos contentar em apenas passar os olhos por ela, mas devemos colocar a Palavra de Deus dentro de nossos corações!

Billy Graham

Pontos Importantes:

Anotem pelo menos três coisas, que seu filho precisa saber, relacionadas à retidão:

Momento de Oração:

Escrevam uma oração para seu filho com base neste capítulo:

Senhor,

_____
_____
_____
_____
_____
_____
_____
_____
_____
_____
_____
_____
_____

Amém

5ª Coisa que Eu Preciso Dizer ao Meu Filho

JÁ QUE O ORGULHO GERALMENTE ANTECEDE A QUEDA, SEJA HUMILDE.

Portanto, humilhem-se debaixo da poderosa mão de Deus, para que ele os exalte no tempo devido. Lancem sobre ele toda a sua ansiedade, porque ele tem cuidado de vocês.

—

1 Pedro 5:6-7

Conversem com Seu Filho
Sobre Humildade

A Palavra de Deus claramente nos ensina a ser humildes, e isso é bom porque, como seres humanos que falham, precisamos muito mesmo ser humildes. Além disso, Deus promete abençoar os humildes e corrigir os orgulhosos. Então, por que os seres humanos são tão cheios de si? A resposta, claro, é que, se formos honestos conosco mesmos e com Deus, simplesmente não conseguiremos ser orgulhosos; devemos ser eternamente gratos e muito humildes, ainda que, na maioria dos casos, a humildade não seja um traço peculiar de nossa natureza.

Muitos de nós, adultos e crianças, somos mais do que propensos a superestimar nossas próprias realizações. Somos tentados a dizer: "Vejam como eu sou maravilhoso!"... na esperança de que o mundo concorde com os elogios que fazemos a nós mesmos. Mas as pessoas que se deixam levar pelo pecado do orgulho precisam saber — Deus definitivamente não fica impressionado com esse tipo de afirmações.

Deus honra a humildade... e Ele recompensa aqueles que humildemente O servem. Portanto, se vocês conquistaram a sabedoria da humildade e se querem ensinar

FALE SOBRE HUMILDADE

seu filho a fazer o mesmo, vocês merecem os parabéns. Mas se ainda não superaram a tendência de superestimar suas próprias realizações ou se o seu filho se impressiona demais com seus próprios feitos, Deus ainda tem algumas lições importantes (e talvez dolorosas) para ensinar — lições sobre a humildade que vocês e seus entes queridos precisam aprender a ter.

Revesti-vos de humildade, porque Deus resiste aos soberbos, mas dá graça aos humildes.
1 Pedro 5:5, ACF

Mas ele me disse: "Minha graça é suficiente para você, pois o meu poder se aperfeiçoa na fraqueza". Portanto, eu me gloriarei ainda mais alegremente em minhas fraquezas, para que o poder de Cristo repouse em mim.
2 Coríntios 12:9

Salvas os humildes, mas os teus olhos estão sobre os orgulhosos para os humilhar.
2 Samuel 22:28

O QUE MAIS A PALAVRA DE DEUS NOS DIZ SOBRE LOUVÁ-LO COMO ELE MERECE

Louvem o Senhor, todas as nações; exaltem-no, todos os povos! Porque imenso é o seu amor leal por nós, e a fidelidade do Senhor dura para sempre. Aleluia!

Salmos 117

Mas eu sempre terei esperança e te louvarei cada vez mais.

Salmos 71:14

Por meio de Jesus, portanto, ofereçamos continuamente a Deus um sacrifício de louvor, que é fruto de lábios que confessam o seu nome.

Hebreus 13:15

Para que ao nome de Jesus se dobre todo joelho, no céu, na terra e debaixo da terra, e toda língua confesse que Jesus Cristo é o Senhor, para a glória de Deus Pai.

Filipenses 2:10-11

OUTRAS GRANDES IDEIAS

Geralmente tenho a sensação de que é o Espírito Santo que me direciona ao chamado para ser humilde, para servir e encorajar alguém ou para dar algo de mim. É muito pouco provável que o maligno nos leve a fazer esse tipo de coisa.

Bill Hybels

A fé não consegue ser forte quando a humildade é fraca.

C.H. Spurgeon

Devemos permanecer em silêncio em relação a toda ternura e às boas ações. Isso nos encherá de poder.

Catherine Marshall

Sinta e acredite no amor de Cristo em seu coração e esse sentimento fará de você uma pessoa humilde.

C.H. Spurgeon

Somos mais fortes quando admitimos nossas fraquezas.

Beth Moore

Por Jesus Cristo ter vindo ao mundo revestido em humildade, Ele sempre será encontrado entre os que também são revestidos por ela. Isto é, Ele será encontrado em meio a pessoas humildes.

A.W. Tozer

Nunca sabemos, pelo menos não antes de muito tempo, por que alguém foi escolhido para determinado cargo. E quando descobrimos, isso geralmente acontece por uma razão que não permite vaidades.

C.S. Lewis

Que alguns dos meus hinos foram ditados pelo Espírito Santo eu não tenho dúvida; e que outros foram resultado de meditação, eu sei que é verdade; mas dizer que o poeta tem algum direito de exigir mérito próprio é certamente presunçoso.

Fanny Crosby

Jesus tinha um coração humilde. Se Ele habitar em nós, o orgulho nunca dominará nossas vidas.

Billy Graham

Fale Sobre Humildade

Pontos Importantes:

Anotem pelo menos três coisas, que seu filho precisa saber, relacionadas à humildade:

Momento de Oração:

Escrevam uma oração para seu filho com base neste capítulo:

Senhor,

_____
_____
_____
_____
_____
_____
_____
_____
_____
_____
_____
_____
_____
_____

Amém

6ª Coisa que Eu Preciso Dizer ao Meu Filho

SE VOCÊ NÃO CELEBRAR A VIDA, NINGUÉM A CELEBRARÁ POR VOCÊ.

*Este é o dia que fez o Senhor;
regozijemo-nos, e alegremo-nos nele.*

—

Salmos 118:24, ACF

Conversem com Seu Filho Sobre Celebrar a Vida do Jeito Certo

O salmo 118 nos lembra que hoje, assim como qualquer outro dia, deve ser celebrado. Deus nos deu este dia; Ele o encheu com uma gama de possibilidades e nos desafiou a usá-las de acordo com Seus propósitos. O dia nos é concedido puro e novo à meia-noite gratuitamente, mas devemos ficar atentos: o hoje é um recurso não renovável — uma vez que se acaba, é para sempre. Nossa responsabilidade, obviamente, é usar este dia para atender à vontade de Deus e fazer isso conforme Seus mandamentos.

Se o seu filho é como a maioria das pessoas, às vezes ele deve sofrer com o cinismo e o pessimismo de nossa geração negativa. E quando isso acontecer, cabe a vocês fazê-lo lembrar de que cada dia é um presente e que ele precisa valorizar o tempo concedido por Deus.

A vida cristã deve ser uma celebração triunfante, um exercício diário de ação de graças e louvor. Encorajem seu filho a celebrar, aproveitem o momento e celebrem também.

Alegrem-se sempre no Senhor. Novamente direi: alegrem-se!
Filipenses 4:4

Tenho lhes dito estas palavras para que a minha alegria esteja em vocês e a alegria de vocês seja completa.

—

João 15:11

O QUE MAIS A PALAVRA DE DEUS NOS DIZ SOBRE A ALEGRIA

Quanto ao mais, irmãos, regozijai-vos, sede perfeitos, sede consolados, sede de um mesmo parecer, vivei em paz; e o Deus de amor e de paz será convosco.

2 Coríntios 13:11, ACF

Mas Jacó insistiu: (...) "porque ver a tua face é como contemplar a face de Deus; além disso, tu me recebeste tão bem!"

Gênesis 33:10

Façam tudo sem queixas nem discussões, para que venham a tornar-se puros e irrepreensíveis, filhos de Deus inculpáveis no meio de uma geração corrompida e depravada, na qual vocês brilham como estrelas no universo.

Filipenses 2:14-15

Cada um dê conforme determinou em seu coração, não com pesar ou por obrigação, pois Deus ama quem dá com alegria.

2 Coríntios 9:7

E nesse mês a sua tristeza tornou-se em alegria, e o seu pranto, num dia de festa. Escreveu-lhes dizendo que comemorassem aquelas datas como dias de festa e de alegria, de troca de presentes e de ofertas aos pobres.

Ester 9:22

OUTRAS GRANDES IDEIAS

A alegria é o resultado direto da perspectiva de Deus em nossas vidas e é o efeito de amar nosso Senhor o bastante para obedecer aos Seus mandamentos e às Suas promessas.

Bill Bright

Nossa alegria, satisfação e realizações na vida aumentam, independentemente das circunstâncias, quando nos colocamos no centro da vontade de Deus.

Billy Graham

Uma vida de intimidade com Deus é caracterizada pela alegria.

Oswald Chambers

Quando nos livramos dos conflitos internos e das atitudes erradas da vida, automaticamente mergulhamos em alegria.

E. Stanley Jones

Na falta de alegria, o regozijo do Senhor enche a alma até a borda.

C.H. Spurgeon

Deus sabe de tudo. Ele pode controlar tudo e Ele nos ama. Certamente, isso é o bastante para a plenitude da alegria, que vai além das palavras.

Hannah Whitall Smith

Alegria é coisa séria no céu.

—

C.S. Lewis

Fale Sobre Celebração

Alguns de nós parecem tão preocupados em evitar o inferno que acabamos nos esquecendo de celebrar a jornada em direção ao céu.

—

Philip Yancey

PONTOS IMPORTANTES:

Anotem pelo menos três coisas, que seu filho precisa saber, relacionadas à alegria:

Momento de Oração:

Escrevam uma oração para seu filho com base neste capítulo:

Senhor,

Amém

7ª Coisa que Eu Preciso Dizer ao Meu Filho

O OTIMISMO SATISFAZ, O PESSIMISMO NÃO.

Mas se esperamos o que ainda não vemos, aguardamo-lo pacientemente.

—

Romanos 8:25

Conversem com Seu Filho Sobre Otimismo

Vocês são cristãos otimistas, esperançosos e entusiasmados? Se não são, deveriam. Afinal de contas, como fiéis, vocês têm todos os motivos para serem otimistas em relação à vida na Terra e à vida eterna. Um clérigo inglês, William Ralph Inge, fez a seguinte observação: "Nenhum cristão deve ser pessimista, pois o cristianismo é um sistema extremamente otimista". As palavras de Inge são a mais pura verdade, mas algumas vezes vocês e seus entes queridos podem se sentir deprimidos pelas exigências e preocupações inevitáveis da vida na Terra. Se isso acontece, é hora de vocês fazerem esta pergunta a si mesmos: o que está me incomodando tanto e por quê?

Se vocês estão preocupados com os desafios que certamente surgem no cotidiano, Deus precisa ter uma conversa com vocês. Afinal, a maior batalha de todas já foi conquistada no Calvário e suas vidas foram transformadas pelo sacrifício de Cristo; portanto, vocês, como recebedores da graça de Deus, têm todos os motivos para viver corajosamente.

Fale Sobre Otimismo

Vocês estão dispostos a confiar nos planos de Deus e a motivar seu filho a fazer o mesmo? Espero que sim, porque até mesmo quando os desafios parecem aterrorizantes, Deus permanece inabalável. E vocês devem fazer o mesmo.

Sendo assim, prometam a si mesmos e cumpram — jurem ser pais cheios de esperança. Pensem com otimismo sobre a vida, profissão, família, futuro e propósito na vida. Acreditem nas suas esperanças, e não nos seus medos. Separem um tempo para celebrar a gloriosa criação de Deus. E, então, depois que encherem seus corações de esperança e gratidão, compartilhem seu otimismo com cada familiar. Eles terão grandes benefícios com isso, assim como vocês.

Faze-me ouvir de novo júbilo e alegria;
e os ossos que esmagaste exultarão.

Salmos 51:8

*Pois Deus não nos deu espírito de covardia,
mas de poder, de amor e de equilíbrio.*

2 Timóteo 1:7

*A ti, Senhor, elevo a minha alma. Em ti confio,
ó meu Deus. Não deixes que eu seja humilhado,
nem que os meus inimigos triunfem sobre mim!*

Salmos 25:1-2

*A ti, Senhor, elevo a minha alma.
Em ti confio, ó meu Deus. Não
deixes que eu seja humilhado,
nem que os meus inimigos
triunfem sobre mim!*

—

Salmos 25:1-2

Outras Grandes Ideias

É muito bom saber que as pessoas mais otimistas e entusiasmadas que você conhece são aquelas que passaram por sofrimento intenso.

Warren Wiersbe

O estilo de vida cristão não é legalista e cheio de proibições, mas é positivo, atraente e alegre.

Vonette Bright

A ideia mais conhecida de fé é a de um otimismo obstinado: a esperança, tenazmente mantida diante do problema, de que o universo é fundamentalmente um amigo e de que as coisas vão melhorar.

J.I. Packer

As pessoas que vi terem sucesso na vida sempre foram pessoas alegres e esperançosas que encaravam o trabalho com um sorriso no rosto.

Charles Kingsley

Desenvolver uma atitude positiva significa trabalhar constantemente para encontrar o que nos revigora e encoraja.

Barbara Johnson

Mantenha seus pés no chão, mas deixe seu coração planar o mais alto possível. Recuse-se a ser apenas mais um ou a se render às influências do ambiente.

—

A.W. Tozer

Conversem com Seu Filho Sobre Esperança

A esperança que o mundo oferece é passageira e imperfeita. A esperança que Deus oferece é imutável, inabalável e infinita. Não é de se admirar que, quando buscamos segurança nas coisas do mundo, a nossa esperança rapidamente acaba. Mas com Deus, esse tipo de coisa nunca acontece.

Por termos sido salvos pelo Cristo ressuscitado, podemos ter esperança no futuro independentemente do quanto as circunstâncias pareçam problemáticas. Afinal de contas, Deus prometeu que estaremos com Ele por toda a eternidade e nos disse que devemos manter nossa confiança nele.

Todos nós, tanto pais quanto filhos, passaremos por desilusões e fracassos enquanto estivermos na Terra, mas são derrotas temporárias. É claro que este mundo é um lugar de provações e tribulações, mas quando depositamos nossa confiança no Criador de todas as maravilhas, ficamos protegidos. Deus nos prometeu paz, alegria e vida eterna, e Ele cumpre Suas promessas hoje, amanhã e para sempre.

Vocês estão dispostos a entregar seu futuro nas mãos de um Deus amoroso e onisciente? Vocês enfrentarão os desafios de hoje com otimismo e esperança? Vocês motivarão seu filho a fazer o mesmo? Espero que vocês respondam a essas perguntas com um "sim" sonoro. Afinal de contas, Deus criou vocês e seu filho em nome de um propósito muito importante: o Seu propósito. E vocês ainda têm um trabalho muito importante a fazer: a Sua obra.

Então, hoje, à medida que vocês vivem o presente e olham para o futuro, lembrem-se de que Deus tem um plano para vocês e para o seu filho, e cabe a vocês agir — e acreditar — na mesma proporção.

Que o Deus da esperança os encha de toda alegria e paz, por sua confiança nele, para que vocês transbordem de esperança, pelo poder do Espírito Santo.

—

Romanos 15:13

Outras Grandes Ideias

Eu gostaria de fazer tudo de novo, mas não posso. Deus pode. "Refrigera a minha alma", disse o pastor. Deus não reforma; Ele restaura. Ele não camufla o que é velho; Ele restaura e faz ficar novo. O Criador abandonará o plano original e fará uma restauração. Ele restaurará o vigor, a energia, a esperança e a alma.

Max Lucado

Ter fé é olhar para trás e extrair coragem; ter esperança é olhar para a frente e manter a chama da vontade acesa.

John Eldredge

A esperança é nada mais nada menos do que a expectativa em relação às coisas que a fé afirma serem verdade e que foram prometidas por Deus.

João Calvino

Lembre-se disto: precisamos sempre ter esperança em Deus. Seja qual for a sua necessidade, independentemente do tamanho da sua dificuldade e por mais que tudo pareça impossível, tenha esperança em Deus e você verá que não foi em vão.

George Mueller

A esperança que temos em Jesus é uma âncora para a alma — é firme, estável e não nos deixa afundar ou nos perder, sendo sempre controlada pelo amor de Deus.

Franklin Graham

O cristão crê em um futuro fabuloso.

Billy Graham

Tenha coragem. Andamos no deserto hoje e na Terra Prometida amanhã.

D.L. Moody

Pode ser que o dia do juízo seja amanhã. Nesse caso, podemos, de bom grado, parar de trabalhar por um amanhã melhor, mas não antes disso.

Dietrich Bonhoeffer

A alegria vem de saber que Deus me ama, que Ele sabe quem eu sou e para onde vou... vem de saber que o meu futuro está seguro e que eu descanso nele.

James Dobson

PONTOS IMPORTANTES:

Anotem pelo menos três coisas, que seu filho precisa saber, relacionadas ao otimismo e à esperança.

Momento de Oração:

Escrevam uma oração para seu filho com base neste capítulo:

Senhor,

Amém

8ª Coisa que Eu Preciso Dizer ao Meu Filho

RESPEITO É BOM; PORTANTO, TRATE A TODOS COMO VOCÊ GOSTARIA DE SER TRATADO.

Assim, em tudo, façam aos outros o que vocês querem que eles lhes façam; pois esta é a Lei e os Profetas.

—

Mateus 7:12

Conversem com Seu Filho Sobre Bondade

No mundo inteiro, os pais que amam seus filhos ensinam a mesma lição: bondade. E Cristo nos ensinou essa mesma lição quando proferiu as palavras de Mateus 7:12.

A Bíblia nos ensina a ser gentis e compassivos — e a Palavra de Deus promete que, quando seguirmos Suas instruções, seremos abençoados. Mas algumas vezes, nós falhamos. Em algumas situações, em meio à confusão do trabalho e do cotidiano, deixamos de compartilhar uma palavra ou de fazer uma ação bondosa. Esse erro magoa outras pessoas, assim como a nós mesmos.

A Ética de Reciprocidade nos manda tratar os outros como gostaríamos de ser tratados. Quando colocamos bondade em nossas vidas, glorificamos Aquele que deu Sua vida por nós.

Seu filho está crescendo em uma sociedade cética que muitas vezes parece concentrar-se no ego e na autossuficiência. Ainda assim, a Palavra de Deus nos admoesta para que não nos apeguemos demais ao mundo, e essa admoestação se aplica tanto ao seu filho quanto a vocês.

Fale Sobre Reciprocidade e Respeito

Sendo assim, diminuam seu ritmo hoje e prestem atenção naqueles que precisam de um sorriso, de uma palavra bondosa ou de um ombro amigo. Encorajem seu filho a fazer o mesmo — encorajem-no a fazer da bondade o elemento fundamental no relacionamento dele com os outros. Quando isso acontecer, ele descobrirá que a vida é muito melhor quando tratamos os outros como gostaríamos de ser tratados se estivéssemos no lugar deles.

---

*Quanto ao mais, tenham todos o mesmo
modo de pensar, sejam compassivos,
amem-se fraternalmente, sejam
misericordiosos e humildes.*
1 Pedro 3:8

O amor é paciente, o amor é bondoso.
1 Coríntios 13:4

*Sejam bondosos e compassivos uns para com os
outros, perdoando-se mutuamente, assim como
Deus perdoou vocês em Cristo.*
Efésios 4:32

O que Mais a Palavra de Deus nos Diz Sobre Generosidade

Cada um contribua segundo propôs no seu coração; não com tristeza, ou por necessidade; porque Deus ama ao que dá com alegria.

2 Coríntios 9:7, ACF

Amado, você é fiel no que está fazendo pelos irmãos, apesar de lhe serem desconhecidos.

3 João 1:5

Em tudo o que fiz, mostrei-lhes que mediante trabalho árduo devemos ajudar os fracos, lembrando as palavras do próprio Senhor Jesus, que disse: "Há maior felicidade em dar do que em receber".

Atos 20:35

Se um irmão ou irmã estiver necessitando de roupas e do alimento de cada dia e um de vocês lhe disser: "Vá em paz, aqueça-se e alimente-se até satisfazer-se", sem porém lhe dar nada, de que adianta isso?

Tiago 2:15-16

OUTRAS GRANDES IDEIAS

A Ética de Reciprocidade, que deve ser seguida para obter entendimento espiritual, não está relacionada a uma busca intelectual, mas sim à obediência.

Oswald Chambers

O amor não é possessivo, egoísta ou autocentrado. O verdadeiro amor é capaz de contribuir para a felicidade de outra pessoa sem esperar nada em troca.

James Dobson

Não é interesse da fé saber quando as boas ações foram feitas, mas sim se elas foram feitas antes mesmo de alguém ter pedido e se continuam sendo feitas até então.

Martinho Lutero

Devemos refletir o amor de Deus neste mundo cheio de ódio. Somos espelhos do Seu amor; portanto, devemos mostrar Jesus por meio de nossas vidas.

Corrie ten Boom

Ao ser hospitaleiro com o outro, você não está tentando impressionar as pessoas, e sim refletir Deus para elas.

Max Lucado

*Preocupe-se o bastante com a bondade
e você não dará mais espaço para
vontades inúteis.*

—

E. Stanley Jones

É Importante Servir

Se vocês e os seus familiares desejam verdadeiramente descobrir quais são as prioridades de Deus para suas vidas, precisam fazer esta pergunta a si mesmos: "Como Deus quer nos ver servindo ao próximo?" E tenham a certeza de uma coisa: o serviço ao próximo é parte integrante do plano que Deus tem para suas vidas, um plano que o Criador quer que vocês concedam ao seu filho.

Cristo foi o maior servo, o Salvador que deu Sua vida pela humanidade. Como Seus seguidores, nós também temos que ser servos humildes. Como cristãos, somos clara e repetidamente instruídos a ajudar os necessitados. Mas como seres humanos fracos, algumas vezes falhamos ao nos vangloriar e superestimar nossas realizações. Jesus nos manda fazer o contrário. Ele nos ensina que os homens e mulheres mais estimados não são líderes autossuficientes da sociedade, mas, pelo contrário, são os servos mais humildes.

Os seus familiares estão dispostos a arregaçar as mangas e se tornar servos humildes de Cristo? Vocês estão dispostos a fazer sua parte a fim de tornar o mundo um lugar melhor? Vocês estão dispostos a servir a Deus agora e a acreditar que Ele os abençoará depois? A resposta para essas perguntas determinará a direção de suas vidas e a qualidade do seu serviço.

Como membros da família de Deus, devemos servir ao próximo silenciosamente e sem chamar atenção. Devemos reconhecer as necessidades e atendê-las. Precisamos estender nossas mãos e compartilhar palavras bondosas com humildade no coração e louvor nos lábios. E devemos nos lembrar de que, toda vez que ajudamos alguém que precisa, estamos servindo ao nosso Salvador... o que, a propósito, é exatamente o que precisamos fazer.

Se lhe obedecerem e o servirem, serão prósperos até o fim dos seus dias e terão contentamento nos anos que lhes restam.

Jó 36:11

Enquanto é dia, precisamos realizar a obra daquele que me enviou. A noite se aproxima, quando ninguém pode trabalhar.

João 9:4

Prestem culto ao Senhor com alegria; entrem na sua presença com cânticos alegres.

Salmos 100:2

OUTRAS GRANDES IDEIAS

Antes do juízo final de Cristo, meu serviço não será julgado pelo quanto eu fiz, mas sim pelo quanto de mim eu dediquei.

A.W. Tozer

Quando você desfruta da plenitude e da cooperação que inevitavelmente acompanham o verdadeiro serviço, o ministério é uma alegria. Em vez de exaurir, isso nos energiza; em vez de desgastar-se, você experimenta bênçãos.

Bill Hybels

Firme este compromisso, ore para Deus ajudá-lo a manter o acordo e, se possível, nunca se deite à noite sem dizer: "Eu hoje fiz alguém ficar um pouco mais sábio, um pouco mais feliz ou pelo menos um pouco melhor".

Charles Kingsley

Há muitas oportunidades para servirmos, e você se surpreenderá quando pedir o direcionamento de Deus e ver que surgirá uma situação maravilhosa em que você poderá expressar seu amor.

Charles Stanley

*Nenhuma vida pode
superar a do homem que
discretamente serve a Deus.*

—

C.H. Spurgeon

Pontos Importantes:

Anotem pelo menos três coisas, que seu filho precisa saber, relacionadas à Reciprocidade e ao Respeito:

Momento de Oração:

Escrevam uma oração para seu filho com base neste capítulo:

Senhor,

_____
_____
_____
_____
_____
_____
_____
_____
_____
_____
_____
_____
_____

Amém

9ª Coisa que Eu Preciso Dizer ao Meu Filho

VOCÊ NUNCA ESTÁ MUITO VELHO (OU MUITO NOVO) PARA APRENDER ALGO NOVO.

*Dedique à disciplina o seu coração,
e os seus ouvidos às palavras
que dão conhecimento.*

—

Provérbios 23:12

Conversem com Seu Filho
Sobre Aprendizado Contínuo

Enquanto vivemos, devemos continuar aprendendo e precisamos motivar nossos filhos a fazer o mesmo. Mas, ocasionalmente, a tarefa de educar os filhos nos parece um tanto ingrata. Por quê? Porque algumas vezes eles quase não dão atenção às oportunidades de aprendizado que nós, adultos, trabalhamos tanto para oferecer.

A educação é a ferramenta pela qual todos nós — pais e filhos — começamos a conhecer e apreciar o mundo no qual vivemos. É a luz brilhante que surge em meio à escuridão da ignorância e do vazio. A educação é liberdade, assim como a ignorância é escravidão. Ter educação não é luxo; é uma necessidade e um meio poderoso para que o bem aconteça neste mundo.

Quando se trata das lições mais importantes da vida, podemos fazer as coisas do jeito fácil ou do jeito difícil. O fácil pode ser resumido pelo seguinte: quando Deus nos ensina uma lição, nós a aprendemos... de primeira. Infelizmente, muitos aprendem muito mais devagar.

Quando resistimos às instruções de Deus, Ele continua nos ensinando, quer gostemos ou não. Sendo assim, nosso desafio é entender as lições de Deus e as experiências da vida. Felizmente aprenderemos essas lições o mais rápido possível, pois quanto mais rápido o fizermos, mas rápido Ele nos levará à próxima lição, e assim por diante.

Então, seu desafio, como pais cuidadosos, é convencer seu filho de que ele tem muito a aprender, mesmo que ele prefira acreditar que não.

Quem ouve a repreensão construtiva
terá lugar permanente entre os sábios.

Provérbios 15:31

Os sábios de coração aceitam mandamentos,
mas a boca do insensato o leva à ruína.

Provérbios 10:8

Ele respondeu: "A vocês foi dado o conhecimento
dos mistérios do Reino dos céus..."

Mateus 13:11

O QUE MAIS A PALAVRA DE DEUS NOS DIZ SOBRE MATURIDADE

Cresçam, porém, na graça e no conhecimento de nosso Senhor e Salvador Jesus Cristo. A ele seja a glória, agora e para sempre! Amém.

2 Pedro 3:18

Meus irmãos, considerem motivo de grande alegria o fato de passarem por diversas provações, pois vocês sabem que a prova da sua fé produz perseverança. E a perseverança deve ter ação completa, a fim de que vocês sejam maduros e íntegros, sem lhes faltar coisa alguma.

Tiago 1:2-4

Irmãos, não penso que eu mesmo já o tenha alcançado, mas uma coisa faço: esquecendo-me das coisas que ficaram para trás e avançando para as que estão adiante, prossigo para o alvo, a fim de ganhar o prêmio do chamado celestial de Deus em Cristo Jesus.

Filipenses 3:13-14

Sigam somente o Senhor, o seu Deus, e temam a ele somente. Cumpram os seus mandamentos e obedeçam-lhe; sirvam-no e apeguem-se a ele.

Deuteronômio 13:4

OUTRAS GRANDES IDEIAS

O melhor da escola de Deus é que nós mesmos aprovamos o que fazemos. Ele não nos testa para saber qual é o nosso desempenho. Ele nos testa para que nós vejamos o nosso próprio desempenho.

Charles Swindoll

A verdadeira aprendizagem pode acontecer a qualquer momento da vida e não precisa necessariamente ser um requisito curricular.

Suzanne Dale Ezell

Espero que você não se importe se eu disser isso, mas nós só aprendemos ao ver os erros que cometemos.

C.S. Lewis

O homem sábio aprecia sua vida adequadamente em relação ao que se foi. Ele aprende a peneirar a areia do passado para encontrar as pequenas preciosidades que fazem o presente ter sentido.

Grady Nutt

Nosso Deus amoroso usa as dificuldades de nossas vidas para afastar o pecado do egoísmo e para edificar a fé e o poder espiritual.

Bill Bright

*O que você aprende depois
que já sabe tudo é o
que realmente importa.*

—

Vance Havner

Fale Sobre Aprendizado Contínuo

Digam ao seu filho:
A vida é mais curta do que você imagina.
Então, faça cada dia valer a pena.

Ensina-nos a contar os nossos dias para que o nosso coração alcance sabedoria.

Salmos 90:12

O tempo é um presente de Deus que não se renova. Mas, algumas vezes, todos nós — tanto pais quanto filhos — tratamos o tempo na Terra como se não fosse um presente: nos sentimos tentados a investir nossas vidas em buscas dispensáveis e pequenas diversões. Em vez de fazermos o que precisa ser feito, nós procrastinamos. Ainda assim, nosso Pai nos mostra que há um chamado maior para cada um de nós.

Se querem ser pais responsáveis, vocês precisam ensinar seu filho a usar o tempo com responsabilidade. Afinal de contas, cada momento reserva o potencial para que algo de bom seja feito, para que uma boa palavra seja dita, para que se cumpra um dever pessoal ou para que se faça uma oração sincera.

O tempo é um artigo frágil: ou nós o usamos ou o perdemos. Portanto, o desafio do seu filho (e de vocês também) é usar esse presente com sabedoria. Não fazer dele uma afronta ao Criador e uma receita para a desilusão.

O que Mais a Palavra de Deus Nos Diz

Portanto, estejam com a mente preparada, prontos para a ação; sejam sóbrios e coloquem toda a esperança na graça que lhes será dada quando Jesus Cristo for revelado.

1 Pedro 1:13

Quando você fizer um voto, cumpra-o sem demora, pois os tolos desagradam a Deus; cumpra o seu voto.

Eclesiastes 5:4

Se você vacila no dia da dificuldade, como será limitada a sua força!

Provérbios 24:10

Como cooperadores de Deus, insistimos com vocês para não receberem em vão a graça de Deus. Pois ele diz: "Eu o ouvi no tempo favorável e o socorri no dia da salvação". Digo-lhes que agora é o tempo favorável, agora é o dia da salvação!

2 Coríntios 6:1-2

OUTRAS GRANDES IDEIAS

Quanto mais tempo você dedica a algo, mais você revela a importância que isso tem para você.

Rick Warren

Nossa diversão e até mesmo nossos momentos de lazer exigem seriedade. Não há território neutro no universo: cada centímetro quadrado, cada milésimo de segundo é exigido por Deus e contra-argumentado por Satanás.

C.S. Lewis

A obra de Deus tem um propósito e sempre há tempo para fazermos a Sua vontade.

Elisabeth Elliot

Nosso tempo é curto! O tempo que podemos investir em nome de Deus, fazendo coisas criativas e aproximando nossos amigos de Cristo, é curto!

Billy Graham

Ao rendermos nosso tempo à soberania de Cristo, Ele nos levará a usá-lo de maneiras que nunca imaginamos.

Charles Stanley

*Ocupe-se. Faça exercícios.
Alimente-se corretamente. Não
desperdice tempo vendo TV, deitado
na cama ou dormindo o dia inteiro.*

—

Truett Cathy

Fale Sobre Aprendizado Contínuo

Pontos Importantes:

Anotem pelo menos três coisas, que seu filho precisa saber, relacionadas ao aprendizado contínuo:

_____
_____
_____
_____
_____
_____
_____
_____
_____
_____
_____
_____
_____
_____
_____
_____
_____

Momento de Oração:

Escrevam uma oração para seu filho com base neste capítulo:

Senhor,

_____
_____
_____
_____
_____
_____
_____
_____
_____
_____
_____
_____
_____
_____
_____

Amém

10ª Coisa que Eu Preciso Dizer ao Meu Filho

NÃO DEPENDA DA SORTE E, ENQUANTO VOCÊ ESTIVER COM ELA, NÃO TENTE GANHAR AS COISAS DE GRAÇA.

Não se deixem enganar: de Deus não se zomba. Pois o que o homem semear, isso também colherá. Quem semeia para a sua carne, da carne colherá destruição; mas quem semeia para o Espírito, do Espírito colherá a vida eterna.

—

Gálatas 6:7-8

Conversem com Seu Filho
Sobre Responsabilidade

Agir com responsabilidade é muito difícil para os jovens, não é? Algumas vezes, quando eles estão em meio a papéis e modelos negativos sofrendo pressão dos colegas, pode ser muito mais difícil fazer o que é certo. Difícil, mas não impossível.

Ninguém precisa dizer o óbvio para o seu filho: ele tem muitas responsabilidades — obrigações consigo mesmo, com a família, com a cidade, com a escola e com o Criador. E qual desses deveres deve ter prioridade? A resposta encontra-se em Mateus 6:33: "Busquem, pois, em primeiro lugar o Reino de Deus e a sua justiça, e todas essas coisas lhes serão acrescentadas".

Quando o seu filho buscar "em primeiro lugar o Reino de Deus", todas as outras obrigações, de uma certa maneira, assumirão seus devidos lugares. E quando ele entender a importância de honrar a Deus com seu tempo, seus talentos e suas orações, ele estará muito mais inclinado a agir de forma responsável.

Então, façam um favor ao seu filho: encorajem-no a levar todos seus deveres a sério, especialmente os deveres relacionados a Deus. Se seguir seu conselho, logo ele descobrirá que agradar ao Pai Celestial não é apenas o certo, é também o melhor jeito de se viver.

Fale Sobre Responsabilidade

Cada um examine os próprios atos, e então poderá orgulhar-se de si mesmo, sem se comparar com ninguém, pois cada um deverá levar a própria carga.

—

Gálatas 6:4-5

O que Mais a Palavra de Deus nos Diz Sobre Fazer o que é Certo

Não se deixem enganar: de Deus não se zomba. Pois o que o homem semear, isso também colherá. Quem semeia para a sua carne, da carne colherá destruição; mas quem semeia para o Espírito, do Espírito colherá a vida eterna.

Gálatas 6:7-8

Tenhamos uma vida tranquila e pacífica, com toda a piedade e dignidade.

1 Timóteo 2:2

Por isso mesmo, empenhem-se para acrescentar à sua fé a virtude; à virtude o conhecimento; ao conhecimento o domínio próprio; ao domínio próprio a perseverança; à perseverança a piedade.

2 Pedro 1:5-6

Portanto, assim como vocês receberam a Cristo Jesus, o Senhor, continuem a viver nele.

Colossenses 2:6

OUTRAS GRANDES IDEIAS

Não orem pedindo uma vida fácil; orem para serem fortes! Não orem pedindo tarefas equivalentes aos seus poderes; orem para terem poderes equivalentes a suas tarefas.

Phillips Brooks

Quer saibamos ou não, quer concordemos ou não, quer pratiquemos ou não, quer gostemos ou não, temos de confiar uns nos outros.

Charles Stanley

A atitude não surge do pensamento, mas sim da prontidão para agir com responsabilidade.

Dietrich Bonhoeffer

Deus nunca faz nada que o homem não consiga fazer por si só. O Senhor é ocupado demais para isso. Portanto, faça a sua parte enquanto Ele faz a dele.

Sam Jones

Se formos fiéis, Ele também será fiel.

Beth Moore

*Viver em uma caminhada espiritual
firme influencia profundamente
aqueles a quem mais amamos.*

—

Vonette Bright

Conversem com Seu filho sobre Evitar os Riscos Desnecessários

O seu filho às vezes é um pouco impulsivo? Às vezes, ele dá passos sem antes olhar por onde pisa? Ele costuma reagir primeiro e depois pensar nas consequências de suas reações? Como resultado de tudo isso, ele assume riscos que não deveria assumir? Se a resposta for sim, Deus precisa ter uma conversa com ele.

Sua Palavra deixa claro: como fiéis, somos chamados a viver com disciplina, diligência, moderação e maturidade, mas o mundo frequentemente nos tenta a agir de modo contrário. Parece que a cada lugar em que vamos encaramos tentações que querem nos levar a ter um comportamento indisciplinado e a andar por caminhos de impiedade.

A Palavra de Deus nos ensina a sermos disciplinados nos pensamentos e nas ações; ela nos alerta sobre os perigos do comportamento impulsivo e nos mostra que a "ira" anda lado a lado com o "perigo". Portanto, como fiel que acredita em um Deus justo que cumpre com o que diz, seu filho deve agir — e reagir — corretamente.

O que Mais a Palavra de Deus nos Diz Sobre Evitar os Riscos Desnecessários

A honra é herança dos sábios, mas o Senhor expõe os tolos ao ridículo.

Provérbios 3:35

Quem obtém sabedoria ama-se a si mesmo; quem acalenta o entendimento prospera.

Provérbios 19:8

Aquele que anda com os sábios será cada vez mais sábio, mas o companheiro dos tolos acabará mal.

Provérbios 13:20

Se algum de vocês tem falta de sabedoria, peça-a a Deus, que a todos dá livremente, de boa vontade; e lhe será concedida.

Tiago 1:5

Aqueles que são sábios reluzirão como o brilho do céu, e aqueles que conduzem muitos à justiça serão como as estrelas, para todo o sempre.

Daniel 12:3

Outras Grandes Ideias

Aquele que é verdadeiramente comprometido abre mão da segurança do porto, aceita o risco dos mares abertos da fé e se ajusta à absoluta dedicação a Deus e a quaisquer que sejam as aventuras planejadas por Ele.

Bill Hybels

Chega um tempo em que nós simplesmente temos de enfrentar os desafios de nossas vidas e parar de fingir que não os vemos.

John Eldredge

Os riscos devem ser assumidos, pois o maior perigo na vida é não se arriscar por nada.

John Maxwell

Cuidado com as teologias usuais que reduzem os caminhos de Deus a uma fórmula fácil, que se diz capaz de manter nossa vida segura. Muitas vezes Deus faz o inexplicável para nos deixar de pé — e também de joelhos.

Warren Wiersbe

Vivemos em um mundo no qual podemos falhar e tentar de novo.

Dennis Swanberg

Pontos Importantes:

Anotem pelo menos três coisas, que seu filho precisa saber, relacionadas à responsabilidade:

_____
_____
_____
_____
_____
_____
_____
_____
_____
_____
_____
_____
_____
_____
_____
_____
_____
_____
_____

Momento de Oração:

Escrevam uma oração para seu filho com base neste capítulo:

Senhor,

Amém

11ª Coisa que Eu Preciso Dizer ao Meu Filho

É IMPORTANTE SABER QUANDO NÃO SE DEVE DESISTIR.

Pois ainda que o justo caia sete vezes, tornará a erguer-se, mas os ímpios são arrastados pela calamidade.

—

Provérbios 24:16

Conversem com Seu filho sobre Perseverança

Ao seguir sua jornada na vida, sem dúvida seu filho passará por decepções, desvios, armadilhas e fracassos. Sempre que chegar a um desses caminhos sem saída, ele passará por um teste de caráter. Portanto, a questão não é o teste, e sim a reação que ele terá.

Há um velho ditado tão verdadeiro hoje quanto na época em que foi escrito: "A vida é uma maratona, e não apenas uma corrida". Por isso os viajantes sábios escolhem o companheiro de viagem que nunca se cansa e hesita. Esse parceiro, obviamente, é Deus.

Da próxima vez que a coragem do seu filho for testada até o limite, façam-no lembrar de que Deus está sempre por perto e de que o Criador concede força e conforto àqueles que são sábios o bastante para pedir. O dever do seu filho, claro, é pedir.

Deus faz tudo em Seu próprio tempo, e algumas vezes Ele responderá às orações de Seu filho com o silêncio. Mas se ele permanecer firme, logo se surpreenderá com as formas criativas pelas quais Deus ajuda os fiéis determinados que têm sabedoria e coragem para perseverar.

Fale Sobre Perseverança

O fim das coisas é melhor do que o seu início, e o paciente é melhor que o orgulhoso.

—

Eclesiastes 7:8

*E não nos cansemos de fazer
o bem, pois no tempo próprio
colheremos, se não desanimarmos.*

—

Gálatas 6:9

O QUE MAIS A PALAVRA DE DEUS NOS DIZ SOBRE PACIÊNCIA

Exortamos vocês, irmãos, a que advirtam os ociosos, confortem os desanimados, auxiliem os fracos, sejam pacientes para com todos.

1 Tessalonicenses 5:14

Como prisioneiro no Senhor, rogo-lhes que vivam de maneira digna da vocação que receberam. Sejam completamente humildes e dóceis, e sejam pacientes, suportando uns aos outros com amor.

Efésios 4:1-2

Portanto, também nós, uma vez que estamos rodeados por tão grande nuvem de testemunhas, livremo-nos de tudo o que nos atrapalha e do pecado que nos envolve, e corramos com perseverança a corrida que nos é proposta.

Hebreus 12:1

Contudo, o Senhor espera o momento de ser bondoso com vocês; ele ainda se levantará para mostrar-lhes compaixão. Pois o Senhor é Deus de justiça. Como são felizes todos os que nele esperam!

Isaías 30:18

Outras Grandes Ideias

As batalhas são vencidas nas trincheiras, com o grito de determinação dos corajosos; elas são vencidas todos os dias nas arenas da vida.

Charles Swindoll

Você não consegue perseverar sem tribulações na vida. Não pode haver vitórias sem batalhas; não pode haver cumes sem vales. Se você quer as bênçãos, deve estar preparado para carregar o fardo e lutar na batalha. Deus tem de equilibrar privilégios e responsabilidades, bênçãos e fardos para que você não seja um filho egoísta e mimado.

Warren Wiersbe

A perseverança é mais do que paciência. É a paciência combinada com a segurança e a certeza de que o que queremos está prestes a acontecer.

Oswald Chambers

Apenas o homem que segue irrestritamente o mandamento de Jesus deixa seu jugo sobre Ele, acha o fardo leve e recebe o poder para perseverar no caminho certo.

Dietrich Bonhoeffer

Fale Sobre Perseverança

*Foi com perseverança que
o caramujo chegou à arca.*

—

C.H. Spurgeon

Digam ao Seu Filho:
Você não pode ganhar tudo; não desperdice seu tempo pensando no que você não conseguiu conquistar.

Irmãos, não penso que eu mesmo já o tenha alcançado, mas uma coisa faço: esquecendo-me das coisas que ficaram para trás e avançando para as que estão adiante, prossigo para o alvo, a fim de ganhar o prêmio do chamado celestial de Deus em Cristo Jesus.

Filipenses 3:13-14

Não vos lembreis das coisas passadas, nem considereis as antigas. Eis que faço uma coisa nova; agora está saindo à luz; porventura não a percebeis? Eis que porei um caminho no deserto, e rios no ermo.

Isaías 43:18-19, ACF

Meus irmãos, considerem motivo de grande alegria o fato de passarem por diversas provações, pois vocês sabem que a prova da sua fé produz perseverança. E a perseverança deve ter ação completa, a fim de que vocês sejam maduros e íntegros, sem lhes faltar coisa alguma.

Tiago 1:2-4

Eu te louvarei, Senhor, de todo o meu coração; contarei todas as tuas maravilhas. Em ti me alegrarei e exultarei; cantarei louvores ao teu nome, ó Altíssimo.

Salmos 9:1-2, ACF

Outras Grandes Ideias

Livre-se do veneno que é a raiva e do ácido que é o ressentimento.

Charles Swindoll

Entregue o passado irreversível nas mãos de Deus e siga em frente com Ele rumo ao futuro invencível.

Oswald Chambers

Na história cristã, Deus desce para reascender. Ele vai fundo... até as raízes e ao fundo da natureza que criou. Mas Ele desce para, quando levantar-se, trazer consigo todas as ruínas do mundo.

C.S. Lewis

O inimigo de nossas almas adora nos perturbar com fracassos, erros, decepções, desastres e calamidades do passado. Se permitirmos que ele continue fazendo isso, nossa vida se tornará um túnel longo e escuro com pouquíssima luz no final.

Charles Swindoll

Ele é fiel e concede uma canção que nos acalma de noite e revigora nossas almas a cada manhã. Como o Senhor é maravilhoso!

Bill Bright

---

*Nenhuma estrada nos leva
de volta ao passado.*

—

Oswald Chambers

Fale Sobre Perseverança

Pontos Importantes:
Anotem pelo menos três coisas, que seu filho precisa saber, relacionadas à perseverança:

Momento de Oração:

Escrevam uma oração para seu filho com base neste capítulo:

Senhor,

_____
_____
_____
_____
_____
_____
_____
_____
_____
_____
_____
_____
_____
_____
_____

Amém

12ª Coisa que Eu Preciso Dizer ao Meu Filho

VOCÊ PODE E DEVE CONTROLAR O RUMO DOS SEUS PENSAMENTOS.

Finalmente, irmãos, tudo o que for verdadeiro, tudo o que for nobre, tudo o que for correto, tudo o que for puro, tudo o que for amável, tudo o que for de boa fama, se houver algo de excelente ou digno de louvor, pensem nessas coisas.

—

Filipenses 4:8

CONVERSEM COM SEU FILHO SOBRE PENSAMENTO POSITIVO

Vocês prestam atenção suficiente à qualidade dos seus pensamentos? E vocês ensinam seu filho a fazer o mesmo? Espera-se que sim, porque a qualidade dos seus pensamentos ajudará a determinar a qualidade de suas vidas.

Nossa sociedade se concentra — e muitas vezes exalta — os aspectos negativos da vida. Portanto, vocês e seu filho serão bombardeados com mensagens — algumas sutis e outras nem tanto — que os encorajam a pensar com cinismo em sua situação, seu mundo e sua fé. Mas Deus tem outros planos para vocês e seu filho.

Deus promete que aqueles que seguirem Seu Filho terão vida abundante (João 10:10). Consequentemente, cristianismo e pessimismo simplesmente não combinam. Então, se você acha que os seus pensamentos andam lado a lado com a negatividade, que parece ter invadido o seu mundo atribulado, é hora de se concentrar menos em seus desafios e mais nas bênçãos de Deus.

Deus quer que vocês e seus familiares vivam a experiência da abundância e da alegria, e não do cinismo e do negativismo. Portanto, hoje e todos os outros dias que virão, celebrem a vida que Deus lhes deu, colocando seus pensamentos em tudo que seja digno de louvor. E, enquanto estiverem fazendo isso, ensinem seu filho a fazer o mesmo. Depois disso, todos vocês descobrirão que os dons de Deus são simplesmente muito gloriosos e incontáveis.

Mantenham o pensamento nas coisas do alto, e não nas coisas terrenas.

Colossenses 3:2

Consagre ao Senhor tudo o que você faz, e os seus planos serão bem-sucedidos.

Provérbios 16:3

Irmãos, deixem de pensar como crianças. Com respeito ao mal, sejam crianças; mas, quanto ao modo de pensar, sejam adultos.

1 Coríntios 14:20

> *Sobre tudo o que se deve guardar,
> guarda o teu coração, porque dele
> procedem as fontes da vida.*
>
> —
>
> Provérbios 4:23, ACF

O QUE MAIS A PALAVRA DE DEUS NOS DIZ SOBRE BÊNÇÃOS DO SENHOR

Tu me farás conhecer a vereda da vida, a alegria plena da tua presença, eterno prazer à tua direita.

Salmos 16:11

Eu as abençoarei e abençoarei os lugares em torno da minha colina. Na estação própria farei descer chuva; haverá chuvas de bênçãos.

Ezequiel 34:26

Dei-lhes, entretanto, esta ordem: Obedeçam-me, e eu serei o seu Deus e vocês serão o meu povo. Vocês andarão em todo o caminho que eu lhes ordenar, para que tudo lhes vá bem.

Jeremias 7:23

O Senhor te abençoe e te guarde; o Senhor faça resplandecer o seu rosto sobre ti e te conceda graça.

Números 6:24-25

Feliz é o homem que persevera na provação, porque depois de aprovado receberá a coroa da vida que Deus prometeu aos que o amam.

Tiago 1:12

Outras Grandes Ideias

Ocupa meus pensamentos com Teu louvor a partir de hoje.

Joni Eareckson Tada

Todas as maiores batalhas espirituais estão na alma.

Charles Stanley

A atitude é o pincel da alma; ela pode colorir qualquer situação.

Barbara Johnson

Seus pensamentos são o fator que determina os modelos nos quais você vive. Controle seus pensamentos e você controlará a direção da sua vida.

Charles Stanley

Cuidado com as teologias usuais que reduzem os caminhos de Deus a uma fórmula fácil, que se diz capaz de manter nossa vida segura. Muitas vezes Deus faz o inexplicável para nos deixar de pé — e também de joelhos.

Warren Wiersbe

Eu me lembrei de um conceito importante que eu tinha esquecido antes: minha atitude — e não minha situação — era o que me fazia infeliz.

Vonette Bright

Pontos Importantes:

Anotem pelo menos três coisas, que seu filho precisa saber, relacionadas ao pensamento positivo:

_____
_____
_____
_____
_____
_____
_____
_____
_____
_____
_____
_____
_____
_____
_____
_____
_____
_____

Momento de Oração:

Escrevam uma oração para seu filho com base neste capítulo:

Senhor,

Amém

13ª Coisa que Eu Preciso Dizer ao Meu Filho

JÁ QUE VOCÊ INEVITAVELMENTE SE PARECERÁ COM SEUS AMIGOS, ESCOLHA-OS COM SABEDORIA.

Não se deixem enganar: "as más companhias corrompem os bons costumes".

—

1 Coríntios 15:33

Conversem com Seu Filho sobre Pressão dos Colegas

Esse tipo de pressão pode ser boa ou ruim para seu filho; isso vai depender dos colegas dele. Se eles o encorajam a fazer da integridade um hábito — se eles o motivam a seguir a vontade de Deus e a obedecer aos Seus mandamentos — seu filho estará sob a pressão positiva, e isso é bom.

Mas se ele se envolver com pessoas que o encorajam a fazer tolices, ele estará sob outro tipo de pressão. Se seu filho se sente pressionado a fazer ou dizer coisas que o afastem de Deus, ele está seguindo em direção aos problemas.

Ao falarem com seu filho sobre as diferenças entre a pressão boa e ruim, eis alguns pontos que merecem destaque:

1. A pressão dos colegas existe e seu filho passará por essa experiência;

2. Se os colegas de seu filho o encorajam a honrar a Deus e a se tornar uma pessoa melhor, a pressão deles é algo muito bom;

3. Se os colegas de seu filho o encorajam a ter um comportamento ruim, esse tipo de pressão é destrutivo;

4. Quando a pressão dos colegas se torna negativa, cabe a seu filho procurar novas amizades o quanto antes.

Resumindo, seu filho tem uma escolha: ele pode agradar a Deus em primeiro lugar ou pode cair na armadilha da pressão negativa dos colegas. A escolha é dele – assim como as consequências.

Aquele que anda com os sábios será cada vez mais sábio, mas o companheiro dos tolos acabará mal.
Provérbios 13:20

Mantenha-se longe do tolo, pois você não achará conhecimento no que ele falar.
Provérbios 14:7

Meu filho, se os maus tentarem seduzi-lo, não ceda!
Provérbios 1:10

Outras Grandes Ideias

A comparação é a origem de todos os sentimentos de inferioridade.

James Dobson

Você nunca deve prejudicar seu relacionamento com Deus em prol do seu relacionamento com outra pessoa.

Charles Stanley

É confortador sabermos que somos responsabilidade de Deus e não dos homens. Ser julgado pelo homem não tem tanta importância assim.

Lottie Moon

Você precisa deixar de tentar ser popular com todo mundo para tentar ser mais popular com o Deus Todo-poderoso.

Sam Jones

Se você escolheu despertar a paixão por Deus, você terá de escolher seus amigos com sabedoria.

Lisa Bevere

Fale Sobre Pressão dos Colegas

As pessoas que buscam constante e ardentemente a aprovação dos outros vivem uma crise de identidade. Elas não sabem quem são e são definidas pelo que os outros pensam delas.

Charles Stanley

*Os verdadeiros amigos sempre
o encorajarão e desafiarão
a caminhar de modo a
agradar ao Senhor.*

—

Lisa Bevere

CONVERSEM COM SEU FILHO SOBRE CARÁTER

Diz-se que nosso caráter se revela quando ninguém está nos olhando, e isso é uma grande verdade. Quando fazemos coisas que sabemos que são erradas, tentamos escondê-las de nossa família e dos amigos. Mas, mesmo que consigamos esconder nossos pecados do mundo, não conseguiremos fazê-lo com Deus.

Charles Swindoll disse uma vez: "Nada nos fala mais alto ou nos mostra mais poder do que uma vida íntegra". Os pais sábios concordam com isso.

A integridade é construída lentamente durante a vida. Ela é a soma de todas as decisões certas e de todas as palavras honestas; se baseia no trabalho justo e é moldada pelas virtudes da honestidade e da bondade. Ser íntegro é uma preciosidade — difícil de construir, mas fácil de arruinar.

Viver em integridade não é sempre o caminho mais fácil, especialmente para jovens como seu filho. Afinal de contas, ele vive em um mundo que apresenta várias tentações que o afastam do caminho de Deus. Portanto, como pais, seu dever é fazê-lo se lembrar (sempre) de que quando for se deparar com o pecado, ele deverá ir — ou melhor, correr — na direção oposta. E a boa notícia é que, quando ele decidir andar todos os dias com Jesus, o caráter se desenvolverá sozinho e ele não precisará mais ficar apreensivo com quem, além de Deus, o estiver observando.

---

*Assim como a água reflete o rosto,
o coração reflete quem somos nós.*

Provérbios 27:19

*Não só isso, mas também nos gloriamos
nas tribulações, porque sabemos que a
tribulação produz perseverança;
a perseverança, um caráter aprovado;
e o caráter aprovado, esperança.*

Romanos 5:3-4

*Em tudo seja você mesmo um exemplo
para eles, fazendo boas obras. Em seu
ensino, mostre integridade e seriedade.*

Tito 2:7

Outras Grandes Ideias

A integridade é o elemento que faz nossa vida se integrar. Devemos constantemente nos empenhar para manter nossa integridade intacta. Quando se perde a riqueza, nada é perdido; quando se perde a saúde, algo é perdido; quando se perde o caráter, tudo está perdido.

Billy Graham

A integridade não é um fator presente na vida de qualquer um. Ela é o resultado da autodisciplina, da confiança interior e da decisão de ser incansavelmente honesto em todas as circunstâncias da vida.

John Maxwell

Há uma simplicidade bela e revigorante na honestidade. Nada de motivos velados. Nada de propósitos escondidos. Quando a honestidade e a integridade caracterizarem nossas vidas, não haverá necessidade de manipular os outros.

Charles Swindoll

O maior e mais importante elemento de qualquer relação humana é a honestidade – consigo mesmo, com Deus e com os outros.

Catherine Marshall

Pontos Importantes:

Anotem pelo menos três coisas, que seu filho precisa saber, relacionadas à pressão dos colegas:

Fale Sobre Pressão dos Colegas

Momento de Oração:

Escrevam uma oração para seu filho com base neste capítulo:

Senhor,

_____

_____

_____

_____

_____

_____

_____

_____

_____

_____

_____

_____

_____

Amém

14ª Coisa que Eu Preciso Dizer ao Meu Filho

OS BENS MATERIAIS NÃO SÃO TÃO IMPORTANTES QUANTO VOCÊ IMAGINA. TENDO O ESSENCIAL, AS OUTRAS COISAS NÃO FAZEM TANTA FALTA.

*Ninguém pode servir a dois Senhores;
pois odiará a um e amará o outro,
ou se dedicará a um e desprezará
o outro. Vocês não podem servir
a Deus e ao Dinheiro.*

—

Mateus 6:24

CONVERSEM COM SEU FILHO SOBRE MATERIALISMO

Seu filho vive em um mundo no qual os bens materiais muitas vezes são valorizados e, até mesmo, quase adorados. A mídia exalta os bens materiais acima de tudo, mas certamente Deus não faz isso. E cabe a vocês, como pais responsáveis, saberem se seu filho entende que o materialismo é uma armadilha espiritual que deve ser evitada a qualquer custo.

Martinho Lutero disse: "Eu tentei agarrar muitas coisas e as perdi. Mas ainda tenho as que entreguei nas mãos de Deus". Essas palavras se aplicam a todos nós. As riquezas deste mundo são passageiras; por outro lado, as espirituais são eternas.

Se vocês perceberem que se tornaram vítimas da preocupação com os bens materiais, tenham certeza de que sua família também está na mesma situação. Pois bem, o que significa "suficiente" para você? Essa é uma pergunta difícil para todos nós, mas a resposta é simples e direta: quando nossos bens materiais interferem no desejo de conhecer e servir a Deus, isso significa que temos muitos bens materiais e ponto.

Fale Sobre Materialismo

Nas melhores fases de uma vida bem vivida, os bens materiais devem ficar em segundo plano. É claro que todos nós temos necessidades básicas, assim como nossas famílias, mas o excesso de bens materiais traz mais problema do que solução. Nossos verdadeiros bens não são deste mundo, e nunca seremos realmente ricos até que alcancemos a riqueza do espírito.

Portanto, se você e os membros de sua família estiverem sofrendo com as preocupações do mundo material, já é hora de rever suas prioridades e de acumular as riquezas que durarão para sempre — as espirituais.

Então lhes disse: "Cuidado! Fiquem de sobreaviso contra todo tipo de ganância; a vida de um homem não consiste na quantidade dos seus bens".

Lucas 12:15

A mentalidade da carne é morte, mas a mentalidade do Espírito é vida e paz.

Romanos 8:6

O QUE MAIS A PALAVRA DE DEUS NOS DIZ SOBRE COISAS TERRENAS

Não se enganem. Se algum de vocês pensa que é sábio segundo os padrões desta era, deve tornar-se "louco" para que se torne sábio. Porque a sabedoria deste mundo é loucura aos olhos de Deus. Pois está escrito: "Ele apanha os sábios na astúcia deles".

1 Coríntios 3:18-19

Não amem o mundo nem o que nele há. Se alguém amar o mundo, o amor do Pai não está nele.

1 João 2:15

O que é nascido de Deus vence o mundo; e esta é a vitória que vence o mundo: a nossa fé.

1 João 5:4

A religião que Deus, o nosso Pai aceita como pura e imaculada é esta: cuidar dos órfãos e das viúvas em suas dificuldades e não se deixar corromper pelo mundo.

Tiago 1:27

OUTRAS GRANDES IDEIAS

Se você quer encontrar a verdadeira felicidade, você não a encontrará buscando por mais coisas de forma desenfreada. Você a conquistará ao receber a generosidade de Deus e ao passá-la adiante.

Bill Hybels

As Escrituras nos dizem que se formos consumidos pela ganância, não apenas desobedeceremos a Deus, mas também perderemos a oportunidade de permitir que Ele nos use como instrumento para os outros.

Charles Stanley

Eis um teste simples: se você consegue ver, é porque não vai durar. As coisas eternas não podem ser vistas.

Dennis Swanberg

Por que o amor pelo ouro é maior do que o amor pelas almas?

Lottie Moon

A cruz é concedida a todos os cristãos, e isso acontece a partir do chamado para o abandono de todas as coisas ligadas ao mundo.

Dietrich Bonhoeffer

20 Coisas que Eu Preciso Dizer ao Meu Filho

*Temos muitas coisas que
não valem a pena ter.*

—

Marie T. Freeman

Conversem com Seu Filho sobre Uso do Dinheiro

Como pais, vocês sabem por experiência própria que criar um filho é uma responsabilidade imensa. E um dos seus maiores deveres e ensiná-lo a usar o dinheiro.

Se vocês querem mesmo ajudar seu filho a gastar e a economizar dinheiro com seriedade, precisam ensinar isso dando exemplos. Afinal de contas, é muito mais fácil falar do que viver. Assim, seu filho aprenderá muito mais com suas atitudes do que com suas palavras. Portanto, lembrem-se de que, quando se trata de dinheiro, vocês não devem apenas dar exemplo; vocês são o exemplo. Quando ensinarem alguns princípios comuns sobre gastar e economizar para seu filho, não se esqueçam de que suas atitudes falarão muito mais alto do que suas palavras.

O mundo não protegerá seu filho das consequências dos gastos banais, nem vocês devem protegê-lo. Portanto, se ele gastar demais, não tentem livrá-lo dos problemas muito rapidamente. Como pais, seu dever não é necessariamente proteger seu filho da dor, mas sim assegurar que ele aprendeu com as consequências de sua atitude.

Felizmente, os princípios básicos do uso do dinheiro não são muito difíceis de entender. Esses princípios podem ser resumidos em três passos simples:

1. Faça um orçamento e baseie-se nele, gastando menos do que a quantia que você ganha;
2. Economize e invista com sabedoria;
3. Dê uma parte justa para Deus.

Esses passos são tão diretos que até mesmo uma criança pode entendê-los; vocês não precisam ir a nenhum curso (ou palestra) de negócios para ensinar lições poderosas sobre fé e finanças. E isso é bom porque seu filho precisa do seu conselho e do seu bom exemplo... mas não necessariamente nessa ordem.

O meu Deus suprirá todas as necessidades de vocês, de acordo com as suas gloriosas riquezas em Cristo Jesus.

Filipenses 4:19

Consagre ao Senhor tudo o que você faz, e os seus planos serão bem-sucedidos.

Provérbios 16:3

Fale Sobre Materialismo

*Não há nada de errado em pedir
direcionamento a Deus. Mas é errado
seguir nosso próprio caminho e esperar
que Ele nos resgate depois.*

—

Larry Burkett

Digam ao Seu Filho:
Quanto mais rápido você aprender a usar o dinheiro, melhor. Portanto, você precisa aprender a fazer isso agora.

Os planos bem elaborados levam à fartura; mas o apressado sempre acaba na miséria.

Provérbios 21:5

Eis uma receita para usar o dinheiro com sabedoria: pegue uma porção generosa de bom senso, uma boa medida de disciplina e misture com oração.

Marie T. Freeman

Infelizmente, problemas de família e até mesmo financeiros raramente são o verdadeiro problema, mas muitas vezes são os sintomas de um sistema de valores fraco ou inexistente.

Dave Ramsey

Como administradores fiéis do que temos, nós não deveríamos pensar melhor em nossos excessos?

Elisabeth Elliot

Fale Sobre Materialismo

Pontos Importantes:

Anotem pelo menos três coisas, que seu filho precisa saber, relacionadas ao materialismo:

_____
_____
_____
_____
_____
_____
_____
_____
_____
_____
_____
_____
_____
_____
_____
_____
_____

Momento de Oração:

Escrevam uma oração para seu filho com base neste capítulo:

Senhor,

Amém

15ª Coisa que Eu Preciso Dizer ao Meu Filho

O MUNDO ESTÁ CHEIO DE TENTAÇÕES QUE PODEM ARRUINAR SUA VIDA. PORTANTO, COMPORTE-SE ADEQUADAMENTE.

Meu filho, se os maus tentarem seduzi-lo, não ceda!

—

Provérbios 1:10

Conversem com Seu filho sobre Tentação

Pelo fato de o mundo estar cheio de tentações, seu filho irá se deparar com elas em todo lugar. O diabo está trabalhando muito nestes últimos dias, gerando decepções em mais lugares e de mais formas do que antes. Portanto, seu filho precisa permanecer vigilante. Como? Evitando esses lugares onde Satanás pode facilmente atacá-lo e se armando com a Santa Palavra de Deus.

Depois de jejuar quarenta dias e noites no deserto, até mesmo Jesus foi tentado por Satanás. Cristo usou as Escrituras para repreender o diabo (Mateus 4:1-11), e nós devemos fazer o mesmo. A Bíblia nos concede um modelo perfeito para viver em justiça. Se consultarmos esse modelo todos os dias e seguirmos suas instruções atenciosamente, construiremos nossas vidas de acordo com o plano de Deus. E fazendo isso, estaremos salvos.

Seu filho vive em uma sociedade que o encoraja a "experimentar" muitas coisas perigosas para a saúde espiritual, mental e física. Trata-se de um mundo cheio de armadilhas e tentações feitas para corromper o caráter, destruir a saúde, sabotar os relacionamentos e descarrilhar o futuro. Seu dever, como pais responsáveis, é alertar seu filho sobre esses perigos… e fazer isso constantemente.

Sejam sóbrios e vigiem. O diabo, o inimigo de vocês, anda ao redor como leão, rugindo e procurando a quem possa devorar.

—

1 Pedro 5:8

O QUE MAIS A PALAVRA DE DEUS NOS DIZ SOBRE PROTEÇÃO CONTRA O MAL

Acima de tudo, guarde o seu coração, pois dele depende toda a sua vida.

Provérbios 4:23

E a paz de Deus, que excede todo o entendimento, guardará os seus corações e as suas mentes em Cristo Jesus.

Filipenses 4:7

Não se amoldem ao padrão deste mundo, mas transformem-se pela renovação da sua mente, para que sejam capazes de experimentar e comprovar a boa, agradável e perfeita vontade de Deus.

Romanos 12:2

Portanto, submetam-se a Deus. Resistam ao diabo, e ele fugirá de vocês. Aproximem-se de Deus, e ele se aproximará de vocês! Pecadores, limpem as mãos, e vocês, que têm a mente dividida, purifiquem o coração.

Tiago 4:7-8

Outras Grandes Ideias

É mais fácil não cair em tentação do que sair dela.

Rick Warren

Em meio às maiores tentações, nada pode nos ajudar mais do que a fé de que o Filho de Deus se tornou homem, está sentado à direita do Pai e que Ele está intercedendo por nós. Não há conforto maior.

Martinho Lutero

A maioria dos cristãos não sabe ou não entende totalmente que o adversário de nossas vidas é Satanás e que sua maior ferramenta é a nossa carne, nossa velha natureza.

Bill Bright

O homem que cede às tentações em cinco minutos simplesmente não sabe o que teria acontecido uma hora depois.

C.S. Lewis

Olhe honestamente para si mesmo e responda: algum velho pecado está voltando à tona? Este seria um momento maravilhoso para permitir que Ele estabeleça uma ordem revigorante em meio ao caos.

Charles Swindoll

*Já que você é tentado
sem cessar, ore sem cessar.*

—

C.H. Spurgeon

CONVERSEM COM SEU FILHO SOBRE VÍCIOS

Seu filho está inserido em uma sociedade que estimula o uso das drogas, do álcool, de cigarros e de outras substâncias viciantes. Por quê? A resposta se resume a uma palavra: dinheiro. A fórmula é simples; substâncias viciantes são grandes fontes de dinheiro. Portanto, os fornecedores (tanto de substâncias legais quanto ilegais) trabalham muito para que jovens como o seu filho consumam seus produtos. Já que os fabricantes precisam de novos consumidores porque os mais velhos estão morrendo (rapidamente), eles se engajam em uma luta sem barreiras para encontrar novos usuários — ou melhor, novas vítimas.

O dicionário define vício como "necessidade compulsiva de uma substância; condição de estar compulsivamente ocupado com algo". Essa definição é exata, mas incompleta. Para os cristãos, o vício tem um significado a mais: significa adorar compulsivamente algo que não seja Deus.

Seu filho já deve ter conhecido jovens viciados, mas com a ajuda de Deus ele pode evitar esse destino. Para fazer isso, ele precisa aprender que as substâncias viciantes são, na verdade, venenos espirituais e emocionais. E ele deve evitar a tentação de experimentar tais substâncias. Se fizer isso, ele dispensará muitas dores de cabeça e decepções na vida.

DIGAM AO SEU FILHO:
OS VÍCIOS PODEM ARRUINAR SUA VIDA,
E O JEITO MAIS FÁCIL DE ACABAR
COM ELES É NUNCA COMEÇAR.

Não terás outros deuses além de mim.

Êxodo 20:3

Pois não temos um sumo sacerdote que não possa compadecer-se das nossas fraquezas, mas sim alguém que, como nós, passou por todo tipo de tentação, porém, sem pecado. Assim sendo, aproximemo-nos do trono da graça com toda a confiança, a fim de recebermos misericórdia e encontrarmos graça que nos ajude no momento da necessidade.

Hebreus 4:15-16

Jesus respondeu: Digo-lhes a verdade: Todo aquele que vive pecando é escravo do pecado.

João 8:34

Ele morrerá, porque desavisadamente andou, e pelo excesso da sua loucura se perderá.

Provérbios 5:23, ACF

Mas, em todas estas coisas somos mais que vencedores, por meio daquele que nos amou.

Romanos 8:37

Outras Grandes Ideias sobre Abstinência, Moderação, Virtude e Deus

A virtude — mesmo que seja o simples esforço — traz luz; o vício traz o nevoeiro.

C.S. Lewis

Muitas vezes, ficar em abstinência total é mais fácil do que manter a moderação.

St. Agostinho

Quando os erros são entregues a Deus, Ele consegue usá-los para o nosso bem e para Sua glória.

Ruth Bell Graham

Quando encaramos uma situação impossível, toda autoconfiança e autossuficiência devem acabar; precisamos depender totalmente do Senhor para que as soluções aconteçam.

Anne Graham Lotz

Não importa o quanto sua vida pareça louca, Deus pode fazer dela algo forte e bom. Ele pode ajudá-lo a criar raízes fortes para edificar outras pessoas.

Barbara Johnson

Uma pessoa pode não ser responsável pelo último copo de bebida, mas com certeza ela foi responsável pelo primeiro.

Billy Graham

O vício é o maior inimigo físico para a humanidade.

Gerald May

Fale Sobre Tentação

Pontos Importantes:

Anotem pelo menos três coisas, que seu filho precisa saber, relacionadas às tentações:

Momento de Oração:

Escrevam uma oração para seu filho com base neste capítulo:

Senhor,

_____
_____
_____
_____
_____
_____
_____
_____
_____
_____
_____
_____
_____
_____

Amém

16ª Coisa que Eu Preciso Dizer ao Meu Filho

O TRABALHO ÁRDUO EXIGE GRANDES ATITUDES; PORTANTO, A HORA DE COMEÇAR É AGORA.

*Enquanto é dia, precisamos realizar
a obra daquele que me enviou.
A noite se aproxima, quando
ninguém pode trabalhar.*

—

João 9:4

Conversem com Seu Filho Sobre Trabalho

Seu filho tem o hábito de fazer as coisas no tempo certo ou ele deixa para fazer o que é importante no último minuto? A resposta dessa simples pergunta ajudará a determinar como ele se sai na escola, como será seu desempenho no trabalho e o quanto de satisfação ele obterá durante a jornada.

A Palavra de Deus nos mostra o valor do trabalho duro. Em sua Segunda Carta aos Tessalonicenses, Paulo admoesta: "se alguém não quiser trabalhar, também não coma" (3:10). E o livro de Provérbios proclama: "Quem relaxa em seu trabalho é irmão do que o destrói" (18:9). Em suma, Deus criou um mundo no qual a diligência é recompensada e a preguiça não. E, como pais, cabe a vocês transmitir essa mensagem ao seu filho por meio de palavras e exemplos (principalmente de exemplos).

Seu filho, sem dúvida, terá inúmeras oportunidades para realizar grandes feitos – mas ele não deve esperar que as grandes recompensas da vida cheguem em uma bandeja de prata. Pelo contrário, ele deve orar como se tudo dependesse de Deus e trabalhar como se tudo dependesse de si mesmo. Quando isso acontecer, ele com certeza poderá esperar grandes recompensas.

Fale Sobre Trabalho

*O que as suas mãos tiverem que fazer,
que o façam com toda a sua força.*

—

Eclesiastes 9:10

O QUE MAIS A PALAVRA DE DEUS NOS DIZ SOBRE SUCESSO

Paz, paz seja contigo, e aos teus aliados, pois o teu Deus te ajudará.

1 Crônicas 12:18

Mas, vocês devem ser fortes e não se desanimar, pois o trabalho de vocês será recompensado.

2 Crônicas 15:7

E não nos cansemos de fazer o bem, pois no tempo próprio colheremos, se não desanimarmos.

Gálatas 6:9

Vocês precisam perseverar, de modo que, quando tiverem feito a vontade de Deus, recebam o que ele prometeu.

Hebreus 10:36

Quem examina cada questão com cuidado, prospera, e feliz é aquele que confia no Senhor.

Provérbios 16:20

OUTRAS GRANDES IDEIAS

Devemos confiar como se tudo dependesse de Deus e trabalhar como se tudo dependesse de nós mesmos.

C.H. Spurgeon

Pode ser que o dia do juízo seja amanhã. Nesse caso, podemos, de bom grado, parar de trabalhar por um amanhã melhor, mas não antes disso.

Dietrich Bonhoeffer

O mundo não considera o trabalho uma bênção, e por isso as pessoas fogem dele e o odeiam. Mas aquele que teme ao Senhor trabalha com um coração pronto e alegre, pois sabe o mandamento de Deus e reconhece Seu chamado.

Martinho Lutero

Parece que eu fui levada, pouco a pouco, ao meu trabalho; e eu acredito que o mesmo acontecerá na vida de qualquer um que cultive os poderes concedidos por Deus brava, silenciosa e persistentemente, fazendo a obra que lhe cabe.

Fanny Crosby

Poucas coisas despertam tanto o compromisso de alguém quanto a dedicação à excelência.

John Maxwell

Liberdade não é ausência de responsabilidade, e sim uma recompensa para quando desempenhamos nossa responsabilidade com excelência.

Charles Swindoll

Ele vestirá você em trapos se você se revestir de ociosidade.

C.H. Spurgeon

Se, durante o trabalho, você fizer de suas obrigações um objetivo, você logo estará envolvido no que realmente interessa. Os profissionais de excelência perceberão que você também é um deles.

C.S Lewis

Dê graças a Deus a cada manhã por você ter algo para fazer quando se levanta, goste você ou não. O trabalho traz centenas de virtudes que a preguiça nunca conhecerá.

Charles Kingsley

As oportunidades estão em todo lugar; então, mantenha seu coração e seus olhos abertos.

Portanto, enquanto temos oportunidade, façamos o bem a todos, especialmente aos da família da fé.

Gálatas 6:10

Por termos sido salvos pelo Cristo ressuscitado, podemos ter esperança no futuro independentemente do quanto as circunstâncias pareçam problemáticas. Afinal de contas, Deus prometeu que estaremos com Ele por toda a eternidade, e Ele nos disse que devemos manter nossa confiança nele.

Certamente nós sofreremos com desilusões e fracassos enquanto estivermos na Terra, mas são derrotas temporárias. É claro que este mundo é um lugar de provações e tribulações, mas quando depositamos nossa confiança no Criador de todas as maravilhas, ficamos protegidos. Deus nos prometeu paz, alegria e vida eterna, e Ele cumpre Suas promessas.

Mesmo que não percebam, as oportunidades estão circulando em torno de você e de sua família, como as estrelas que surgem à noite: lindas de se ver, mas muitas para se contar. Ainda assim, talvez vocês estejam preocupados demais com os desafios cotidianos para notar essas oportunidades. Por isso, vocês devem diminuir o ritmo ocasionalmente, respirar fundo e concentrar seus pensamentos em duas coisas: nos talentos e oportunidades que Deus colocou diante de vocês e dos seus entes queridos. Ele está levando vocês e a sua família ao encontro dessas oportunidades. Sua tarefa é observar atentamente, orar ardorosamente e agir corretamente.

Tu me farás conhecer a vereda da vida, a alegria plena da tua presença, eterno prazer à tua direita.

Salmos 16:11

"Porque sou eu que conheço os planos que tenho para vocês", diz o Senhor, "planos de fazê-los prosperar e não de lhes causar dano, planos de dar-lhes esperança e um futuro. Então vocês clamarão a mim, virão orar a mim, e eu os ouvirei."

Jeremias 29:11-12

Jesus olhou para eles e respondeu: "Para o homem é impossível, mas para Deus todas as coisas são possíveis".

Mateus 19:26

Pois Deus não nos deu espírito de covardia, mas de poder, de amor e de equilíbrio.

2 Timóteo 1:7

Tudo posso naquele que me fortalece.

Filipenses 4:13

Outras Grandes Ideias

A vida é uma oportunidade gloriosa.

Billy Graham

Todos nós nos deparamos com uma série de grandes oportunidades disfarçadas brilhantemente de problemas impossíveis de resolver, ou melhor, impossíveis sem a sabedoria de Deus.

Charles Swindoll

Deus concedeu a você um conjunto único de talentos e oportunidades que podem ser edificados ou enterrados — e essa escolha é sua.

Criswell Freeman

O homem sábio cria as oportunidades, e não somente as acha.

Francis Bacon

Com a atitude certa e com disposição para pagar o preço, quase todo mundo consegue perseguir e alcançar qualquer oportunidade.

John Maxwell

Aquele que espera até que as circunstâncias favoreçam completamente sua empreitada nunca realizará nada.

Martinho Lutero

Fale Sobre Trabalho

As grandes oportunidades geralmente estão escondidas nas pequenas tarefas.

—

Rick Warren

Pontos Importantes:

Anotem pelo menos três coisas, que seu filho precisa saber, relacionadas ao trabalho duro e ao sucesso:

Fale Sobre Trabalho

Momento de Oração:
Escrevam uma oração para seu filho com base neste capítulo:

Senhor,

Amém

17ª Coisa que Eu Preciso Dizer ao Meu Filho

À MEDIDA QUE VOCÊ CRESCE, ACONTECERÃO COISAS QUE VOCÊ SIMPLESMENTE NÃO CONSEGUIRÁ ENTENDER, A MENOS QUE SE LEMBRE DE QUE DEUS TEM UMA PERSPECTIVA ETERNA.

Pensai nas coisas que são de cima, e não nas que são da terra.

—

Colossenses 3:2, ACF

Conversem com Seu Filho
Sobre Perspectiva Eterna

Tanto para os pais quanto para os filhos, a vida é atribulada e complicada. Em meio à correria e à opressão do dia a dia, é fácil perder a perspectiva... fácil, porém errado. Enquanto o nosso mundo parece sair do controle, conseguimos recuperar a perspectiva ao diminuir o ritmo para colocar as coisas em ordem. Mas isso nem sempre é fácil, especialmente para os jovens. Então, talvez seu filho algumas vezes se convença de que os problemas cotidianos são permanentes e catastróficos. E, se ele começar a fazer tempestade em copo d'água, cabe a vocês, como pais responsáveis, mostrar como se recupera a perspectiva.

Quando há um problema que parece impossível de resolver, vocês buscam momentos silenciosos para pensar nas promessas de Deus e no que elas significam na eternidade? Vocês são sábios o bastante para louvar e dar graças ao Criador, tanto nos maus momentos quanto nos bons? E vocês encorajam seu filho a fazer o mesmo? Se a resposta for sim, ele será abençoado pela sua instrução e pelo seu exemplo.

As conhecidas palavras de Salmos 46:10 nos lembram que temos um dever: "Parem de lutar! Saibam que eu sou Deus!" Quando assim fizermos, estaremos na presença maravilhosa do nosso Pai Celestial. Mas, ao ignorarmos a presença do Criador, nos privamos de Sua perspectiva, de Sua paz e de Sua alegria.

Por isso, de hoje em diante, separem um momento para silenciarem-se diante do Criador e motivem seu filho a fazer o mesmo. Depois disso, todos vocês poderão enfrentar os obstáculos inevitáveis da vida — que, aliás, são passageiros — com a sabedoria e o poder que apenas Deus nos concede.

Se algum de vocês tem falta de sabedoria, peça-a a Deus, que a todos dá livremente, de boa vontade; e lhe será concedida.

Tiago 1:5

Eu o instruirei e o ensinarei no caminho que você deve seguir; eu o aconselharei e cuidarei de você.

Salmos 32:8

O que Mais a Palavra de Deus nos Diz Sobre Sabedoria

Não abandone a sabedoria, e ela o protegerá; ame-a, e ela cuidará de você.

Provérbios 4:6

É melhor obter sabedoria do que ouro! É melhor obter entendimento do que prata!

Provérbios 16:16

Quem obtém sabedoria ama-se a si mesmo; quem acalenta o entendimento prospera.

Provérbios 19:8

Tenham cuidado com a maneira como vocês vivem; que não seja como insensatos, mas como sábios.

Efésios 5:15

Quem é sábio e tem entendimento entre vocês? Que o demonstre por seu bom procedimento, mediante obras praticadas com a humildade que provém da sabedoria.

Tiago 3:13

OUTRAS GRANDES IDEIAS

Vida: tempo que Deus nos dá para determinarmos como vamos passar a eternidade.

Anônimo

Enquanto eu e você acumulamos tesouros eternos e vivificantes no céu, chegamos à conclusão maravilhosa de que nós mesmos somos Seus tesouros!

Anne Graham Lotz

A salvação envolve muito mais do que saber sobre Jesus Cristo ou até mesmo ter sentimentos especiais por Ele. A salvação acontece quando recebemos a Jesus Cristo, por meio de ações ou da vontade, como nosso Salvador e Senhor.

Warren Wiersbe

Estamos sempre tentando "nos encontrar" enquanto, na verdade, é isso que precisamos perder.

Vance Havner

Eu conheço o poder do Senhor ressuscitado! Ele vive! A luz da manhã invadiu minha alma! A noite se foi!

Mrs. Charles E. Cowman

Ir à igreja não faz de você um cristão,
assim como ir ao fast-food não faz
de você um hambúrguer.

—

Anônimo

Deus é Deus. Ele sabe o que está fazendo.
Quando você não conseguir ver Sua mão,
confie em Seu coração.

—

Max Lucado

CONVERSEM COM SEU FILHO SOBRE O SOFRIMENTO

Como diz o velho ditado, "às vezes, é nessário perder para poder ganhar". Essa é uma lição importante, mas provavelmente difícil para o seu filho entender. Afinal de contas, ele está inserido em uma sociedade que exalta os vencedores e minimiza os perdedores. Portanto, quando vencer, ele se sentirá encorajado — nem que seja pela coleção de medalhas conquistadas em competições esportivas — a comemorar de forma provocativa, e quando perder — mesmo que subconscientemente — ele irá se considerar um "fracassado", mesmo que isso não seja verdade. O verdadeiro sucesso não tem nada a ver com as vitórias e derrotas cotidianas. A verdadeira vitória acontece quando escolhemos confiar na Palavra de Deus e seguir Seu Filho.

Se o seu filho está amargurado por causa de alguma derrota do passado, vocês deveriam lembrar que a amargura é uma doença espiritual, uma emoção potencialmente destrutiva que pode fazê-lo sentir infeliz e sem paz.

Então, como o seu filho pode se livrar do sofrimento? Primeiramente, ele deve pedir para Deus purificar seu coração, depois deve aprender a se controlar quando os sentimentos de raiva ou de angústia invadirem seus pensamentos. Ou seja, ele precisa aprender a reconhecer e a resistir aos pensamentos negativos antes que destruam suas emoções.

Grantland Rice, grande jornalista esportivo, escreveu: "Quando Aquele que marca os pontos escreve seu nome, Ele não anota se você ganhou ou perdeu, e sim que você jogou". Seu filho precisa entender essa mensagem o quanto antes – e se forem pais experientes, vocês o ajudarão a aprender isso agora mesmo.

Nosso passado está repleto de coisas irreparáveis; é verdade que perdemos oportunidades que nunca teremos de volta, mas Deus pode transformar essa angústia destrutiva em um poder de reflexão construtivo para o futuro. Deixe o passado descansar no coração do Pai. Entregue o passado irreparável em Suas mãos e entre no futuro irresistível com Ele.

—

Oswald Chambers

Pontos Importantes:

Anotem pelo menos três coisas, que seu filho precisa saber, relacionadas à perspectiva eterna.

Momento de Oração:

Escrevam uma oração para seu filho com base neste capítulo:

Senhor,

Amém

18ª Coisa que Eu Preciso Dizer ao Meu Filho

DEPARAR-SE COM DIFICULDADES NÃO É TÃO IMPORTANTE QUANTO LIDAR COM ELAS.

Feliz é o homem que persevera na provação, porque depois de aprovado receberá a coroa da vida que Deus prometeu aos que o amam.

—

Tiago 1:12

Conversem com Seu Filho
Sobre Superar as Adversidades

Toda vida humana (inclusive a do seu filho) é uma composição de acontecimentos: alguns grandes, outros não tão grandes e outros absolutamente desanimadores. Quando seu filho estiver no topo da vida, ele vai achar que louvar a Deus é fácil. Mas quando as nuvens negras se formarem e ele estiver nos vales escuros, sua fé será testada, e às vezes será ao máximo.

Como cristãos, podemos nos confortar: sempre que estivermos no topo da montanha ou nos vales escuros, Deus estará lá, e por Ele cuidar de nós, podemos viver corajosamente.

A Bíblia nos promete que os tempos difíceis são passageiros, mas o amor de Deus não é — ele dura para sempre. Salmos 147 nos promete: "Só ele cura os de coração quebrantado e cuida das suas feridas" (v.3), mas Salmos 147 não diz que Ele nos cura imediatamente. Em geral, leva tempo (e esforço) para que as coisas se ajeitem.

Sendo assim, seu filho precisa aprender que, ao passar por momentos difíceis, ele deve encará-los com Deus ao lado. Seu filho precisa saber que, quando se deparar com os obstáculos, — e isso acontecerá — ele deve sempre pedir ajuda a Deus e aprender a ser paciente. Deus consertará tudo, exatamente como prometeu, mas Ele o fará no tempo devido e do jeito certo.

Na minha angústia, clamei ao Senhor; clamei ao meu Deus. Do seu templo ele ouviu a minha voz; o meu grito de socorro chegou aos seus ouvidos.

2 Samuel 22:7

Outras Grandes Ideias

O testemunho de sua vida em tempos difíceis ministra com muito mais poder às pessoas do que o preletor mais eloquente.

Bill Bright

Algumas vezes, nós ficamos cansados de carregar nossos fardos, mas sabemos que Jesus Cristo nos encontrará no fim da jornada da vida, e isso faz toda diferença.

Billy Graham

Deus nos permite vivenciar as decepções da vida para nos ensinar lições que não aprenderíamos de outra maneira.

C.S. Lewis

Nosso Deus amoroso usa as dificuldades de nossas vidas para nos afastar do egoísmo e para edificar a fé e o poder espiritual.

Bill Bright

Conseguimos suportar as aflições melhor do que lidar com a prosperidade, pois na prosperidade esquecemos de Deus.

D.L. Moody

Fale Sobre Adversidade

A vida será edificada ou arruinada nos momentos em que lidamos com os obstáculos.

E. Stanley Jones

*As pessoas que despertam inspiração
são aquelas que veem pontes invisíveis
no fim das estradas sem saída.*

—

Charles Swindoll

Fale Sobre Adversidade

Pontos Importantes:

Anotem pelo menos três coisas, que seu filho precisa saber, relacionadas às adversidades:

Momento de Oração:

Escrevam uma oração para seu filho com base neste capítulo:

Senhor,

Amém

19ª Coisa que Eu Preciso Dizer ao Meu Filho

LÁ FORA É MAIS PERIGOSO DO QUE VOCÊ IMAGINA; PORTANTO, VÁ COM CALMA. APERTE O CINTO, MANTENHA OS OLHOS NO CAMINHO E NÃO SEJA IMPULSIVO.

O prudente percebe o perigo e busca refúgio; o inexperiente segue adiante e sofre as consequências.

—

Provérbios 27:12

Conversem com Seu Filho Sobre Proteção

Há um pesadelo que ocasionalmente passa pela cabeça de todos os pais cuidadosos: o pensamento de que algum dano sério recaia sobre um filho. Esses medos paternais são reforçados por acidentes trágicos que, muito frequentemente, são estampados na capa dos jornais.

Ninguém pode negar que muitos jovens têm comportamentos descuidados. Então, é seu dever fazer de tudo para certificar-se de que seu filho é muito mais consciente do que o normal. Resumindo, vocês devem ser os escudos protetores de sua família, sendo também persistentes, perseverantes e informados.

A maturidade e a proteção andam lado a lado. Por isso, quando seu filho se tornar um homem mais maduro, ele naturalmente se habituará a olhar por onde anda. E isso é bom porque, quando as pessoas andam antes de olhar o caminho, muitas vezes elas adquirem comportamentos destrutivos e logo se arrependem.

Sendo assim, não pensem duas vezes antes de falar com seu filho sobre segurança, de ensinar a se comportar cuidadosamente e de instruir a não estar com pessoas ou em lugares que possam causar danos físicos, emocionais ou espirituais.

Fale Sobre Proteção

Ser pais rígidos e conscientes pode não ser uma grande maneira de conquistar popularidade, mas é uma das melhores coisas a se fazer para ajudar seu filho a ter uma vida longa, feliz e produtiva.

Quem obtém sabedoria ama-se a si mesmo;
quem acalenta o entendimento prospera.

Provérbios 19:8

Meu filho, obedeça às minhas palavras
e no íntimo guarde os meus mandamentos.
Obedeça aos meus mandamentos, e você terá
vida; guarde os meus ensinos como a pupila
dos seus olhos. Amarre-os aos dedos;
escreva-os na tábua do seu coração.

Provérbios 7:1-3

Não é bom ter zelo sem conhecimento,
nem ser precipitado e perder o caminho.

Provérbios 19:2

Outras Grandes Ideias

Às vezes, ser sábio é nada mais nada menos do que diminuir o ritmo para pensar nas coisas antes de fazê-las.

Jim Gallery

Se ignoramos a Bíblia, não conseguimos receber sabedoria e direcionamento resultantes da Palavra de Deus.

Vonette Bright

Quando você e eu somos ligados a Jesus Cristo, nossa força e sabedoria, paz e alegria, amor e esperança podem esgotar-se, mas Ele se antecipa para nos encher novamente até a borda. Suas bênçãos se derramam sobre nós não por causa de algo que fizemos ou deixamos de fazer, mas simplesmente por causa do Senhor.

Anne Graham Lotz

A sabedoria é o conhecimento aplicado. Conhecimento intelectual é inútil no campo de batalha, mas o conhecimento aplicado ao coração faz o homem ser sábio.

Beth Moore

Fale Sobre Proteção

*Quanto mais sabedoria entrar
em nossos corações, mais poderemos
depositar nas situações difíceis
os nossos corações.*

—

John Eldredge

CONVERSEM COM SEU FILHO SOBRE SAÚDE

Deus quer que tenhamos um cuidado especial com o corpo que Ele nos deu, mas é tentador fazer o contrário. Vivemos em um mundo "fast-food", no qual escolhas prejudiciais são mais convenientes, baratas e tentadoras. Além disso, vivemos em um mundo digital cheio de conveniências modernas que muitas vezes nos privam dos exercícios físicos, necessários para mantermos um estilo de vida saudável. Como consequência disso, muitos de nós, tanto filhos quanto pais, nos vemos grudados na televisão com um lanche em uma das mãos e um controle na outra. Os resultados são tristes e previsíveis.

Como adultos, cada um de nós é responsável pela sua saúde física. Certamente, muitos aspectos da saúde estão além do nosso controle: as doenças acometem até mesmo as pessoas mais saudáveis. Mas, para muitos, a saúde física é uma escolha resultante de centenas de pequenas decisões que fazemos todos os dias. Se fizermos escolhas que promovam a boa saúde, nossos corpos reagirão bem. Mas se tivermos maus hábitos e um estilo de vida indisciplinado, sofreremos consequências trágicas.

Quando nossos hábitos prejudiciais levam a uma saúde deficiente, é muito fácil olharmos além de nós mesmos e culpar outros fatores. Na verdade, vivemos em uma

Fale Sobre Proteção

sociedade na qual a culpa se tornou uma obsessão nacional: culpamos os fabricantes de cigarro, de comida, os restaurantes, dentre muitos outros. Mas culpar os outros é errado. Nós, e somente nós, somos responsáveis pela forma com a qual tratamos nosso corpo. E quanto antes assumirmos essa responsabilidade, antes garantiremos o controle de nosso corpo e de nossa vida.

Vocês realmente querem melhorar sua saúde física? E vocês querem motivar seu filho a fazer o mesmo? Se a resposta for sim, comecem assumindo a responsabilidade pessoal pelos seus corpos concedidos por Deus. Depois, não deixem de ensinar lições sobre alimentação e exercícios regulares, prometendo a si mesmos que ajudarão a família a fazer escolhas necessárias para se aproveitar uma vida mais feliz e mais saudável. Ninguém pode fazer essas escolhas por vocês, e com a ajuda de Deus, vocês conseguem.

*Vocês não sabem que são santuário de Deus
e que o Espírito de Deus habita em vocês?*

—

1 Coríntios 3:16

Outras Grandes Ideias

Deus quer que nos entreguemos totalmente a Ele. Algumas pessoas usam o corpo de forma insensata, mas Deus quer o seu como um sacrifício santo.

Warren Wiersbe

O segredo para uma alimentação saudável é a moderação e o controle do que você come todos os dias.

John Maxwell

A cura derradeira e a glorificação do corpo estão certamente entre as bênçãos do Calvário para o cristão fiel, mas nada nos garante sobre a cura imediata.

Warren Wiersbe

Não se pode comprar a boa saúde em um consultório médico — você precisa merecer para tê-la.

Marie T. Freeman

As pessoas são engraçadas: quando são jovens, elas desperdiçam a saúde querendo ficar ricas. Depois, elas gastam tudo o que conquistaram para tentar reaver a saúde que perderam.

John Maxwell

Pontos Importantes:

Anotem pelo menos três coisas, que seu filho precisa saber, relacionadas à proteção:

_____
_____
_____
_____
_____
_____
_____
_____
_____
_____
_____
_____
_____
_____
_____
_____
_____
_____

Fale Sobre Proteção

Momento de Oração:

Escrevam uma oração para seu filho com base neste capítulo:

Senhor,

Amém

20ª Coisa que Eu Preciso Dizer ao Meu Filho

JESUS CONCEDE O DOM DA VIDA ETERNA, E O RESTANTE CABE A VOCÊ.

Eu lhes asseguro: Quem ouve a minha palavra e crê naquele que me enviou, tem a vida eterna e não será condenado, mas já passou da morte para a vida. Eu lhes afirmo que está chegando a hora, e já chegou, em que os mortos ouvirão a voz do Filho de Deus, e aqueles que a ouvirem, viverão.

—

João 5:24-25

Conversem com Seu Filho sobre Vida Eterna

A vida eterna não acontece depois que morremos, mas sim quando convidamos Jesus para entrar em nossos corações. No momento em que permitimos que Ele reine em nossas vidas, começamos nossa jornada eterna.

Como pais e cristãos responsáveis, é importante fazer seu filho se lembrar de que os planos de Deus não se limitam aos altos e baixos do cotidiano. Na verdade, os altos e baixos muitas vezes são impossíveis de entender. Como meros mortais, nossa compreensão do presente e nossa visão do futuro — assim como nossa vida na Terra — são limitadas. A percepção de Deus não se restringe a essas limitações; Seus planos se estendem por toda a eternidade, e devemos confiar nele mesmo quando não conseguimos entender os detalhes do Seu plano.

Portanto, vamos louvar o Criador por esse dom inestimável e compartilhar a boa-nova com todos aqueles que cruzarem nossos caminhos. Retribuiremos o amor do Pai ao aceitar Seu amor. Quando isso acontecer, seremos abençoados aqui na Terra e por toda a eternidade.

Fale Sobre Vida Eterna

E este é o testemunho: Deus nos deu a vida eterna, e essa vida está em seu Filho. Quem tem o Filho, tem a vida; quem não tem o Filho de Deus, não tem a vida.

1 João 5:11-12

Disse-lhe Jesus: "Eu sou a ressurreição e a vida. Aquele que crê em mim, ainda que morra, viverá; e quem vive e crê em mim, não morrerá eternamente. Você crê nisso?"

João 11:25-26

Você, porém, homem de Deus, fuja de tudo isso e busque a justiça, a piedade, a fé, o amor, a perseverança e a mansidão. Combata o bom combate da fé. Tome posse da vida eterna, para a qual você foi chamado e fez a boa confissão na presença de muitas testemunhas.

1 Timóteo 6:11-12

Escrevi-lhes estas coisas, a vocês que creem no nome do Filho de Deus, para que vocês saibam que têm a vida eterna.

1 João 5:13

OUTRAS GRANDES IDEIAS

E por sabermos que Cristo vive, temos esperança no presente e na vida eterna.

Billy Graham

Um dia vocês lerão em algum jornal que Moody está morto, mas não acreditem nisso. Nessa hora, estarei mais vivo do que estou agora. Eu nasci da carne em 1837 e nasci do Espírito em 1855. O que é nascido da carne morrerá, mas o que é nascido do Espírito viverá para sempre.

D.L. Moody

Queremos ver Jesus — o Vitorioso —, Aquele que desafiou e venceu a morte. Não podemos nos esquecer de que essa vitória também é nossa!

Max Lucado

Lenta e certamente, aprenderemos o grande segredo da vida, que é conhecer a Deus.

Oswald Chambers

A eternidade não criou Deus, Ele criou a eternidade.

C.H. Spurgeon

A salvação de Deus é um presente; ela é eterna e contínua, tendo início quando eu a recebo na fé e nunca tendo fim.

Franklin Graham

Entregue a Cristo sua vida hoje e ela nunca mais será a mesma.

Billy Graham

Estando o homem unido a Deus, como pode ele não viver para sempre? Uma vez separado de Deus, o que mais ele pode fazer a não ser definhar e morrer?

C.S. Lewis

Os danos feitos a nós nesta Terra nunca entrarão na cidade santa. Podemos relaxar, descansar e, mesmo que alguns de nós tenham grande dificuldade para imaginar, podemos nos preparar para ficarmos seguros e protegidos por toda a eternidade.

Bill Hybels

Pontos Importantes:

Anotem pelo menos três coisas, que seu filho precisa saber, relacionadas à vida eterna:

_____

_____

_____

_____

_____

_____

_____

_____

_____

_____

_____

_____

_____

_____

_____

_____

_____

_____

_____

Momento de Oração:

Escrevam uma oração para seu filho com base neste capítulo:

Senhor,

_____
_____
_____
_____
_____
_____
_____
_____
_____
_____
_____
_____
_____
_____

Amém

*Começou uma discussão entre os
discípulos, acerca de qual deles seria
o maior. Jesus, conhecendo os seus
pensamentos, tomou uma criança
e a colocou em pé, a seu lado. Então
lhes disse: "Quem recebe esta criança
em meu nome, está me recebendo; e
quem me recebe, está recebendo aquele
que me enviou. Pois aquele que entre
vocês for o menor, este será o maior".*

—

Lucas 9:46-48

20 COISAS QUE EU PRECISO DIZER À MINHA FILHA

Como pais, somos conduzidos a viver uma das experiências mais surpreendentes desta vida. Algumas pessoas que passam por esse momento ímpar, tanto homem quanto mulher, sentem que ter um filho simboliza uma ruptura na rotina familiar.

Vemos muitos pais se sentindo perdidos nesse caminho, com dúvidas ou até apavorados, pois agora existe uma vida que depende de suas escolhas, ensinamentos e cuidados.

Pensando nessas questões, trazemos neste livro importantes reflexões para auxiliá-los nessa caminhada árdua, porém recompesadora de ser pais de futuras mulheres de valor. Seja um referencial para sua filha e coloque em ação Provérbios 22:6:

> *Educa a criança no caminho em que deve andar;*
> *e até quando envelhecer não se desviará dele.*

bvbooks
WWW.BVFILMS.COM.BR ❖ (21) 2127-2600

ESCOLHAS DA VIDA

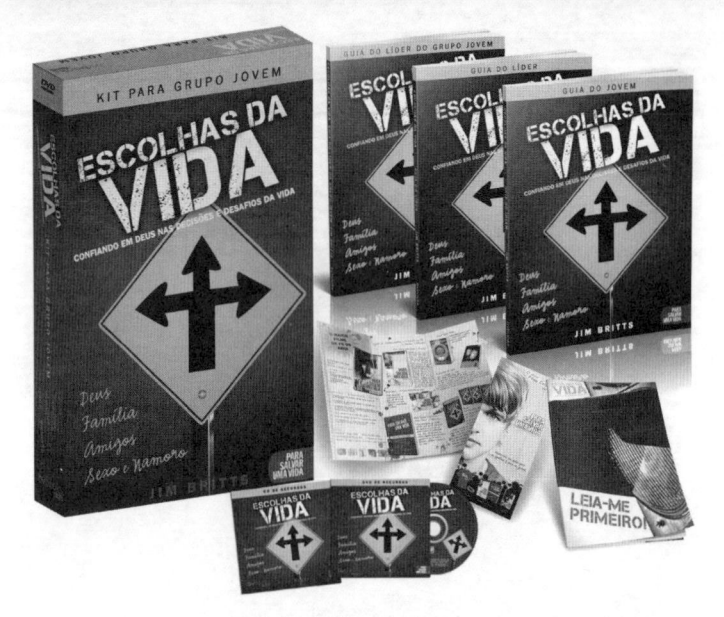

Qual caminho seus jovens seguirão?

O *Kit Escolhas da Vida* é um material devocional e de estudo para auxiliar no discipulado de jovens e adolescentes. O kit, inspirado e desenvolvido pelos produtores do filme *Para Salvar Uma Vida*, oferece:

- *Guia do Líder*: com instruções, mensagens impactantes, atividades, discussões, perguntas e dicas para lidar com assuntos difíceis;
- *Guia do Jovem*: com questionamentos diários que ajudam o jovem a desenvolver o hábito do estudo bíblico e da oração;
- *Guia do Líder do Grupo Jovem*: com instruções passo a passo, dicas, perguntas para cada encontro e um estudo bíblico instigante;
- *DVD de Recursos*: com clipes do filme e mensagens do pastor da juventude Jim Britts.
- e muito mais.

Assuntos importantes, como pressão dos colegas, tentações sexuais, conflitos familiares e pouca fé, podem desviar até mesmo os jovens mais bem-intencionados. Ajude-os a tomar decisões sensatas com *Escolhas da Vida*:

- Cenas do filme *Para Salvar Uma Vida* como forma de criar um papo saudável;
- Instruções para envolver os pais e adultos em trabalho voluntário;
- Materiais personalizados e fáceis de compartilhar com o grupo.

bvbooks
WWW.BVFILMS.COM.BR ❖ (21) 2127-2600

KIT PARA SALVAR UMA VIDA

A adolescência é a fase que enfrenta mais dificuldades do que qualquer outra. *Para Salvar Uma Vida* é um alerta sobre as escolhas e os desafios reais na vida dos jovens. Este Kit estimula os jovens a responder à pergunta: "O que eu quero da minha vida?", e permite que eles a respondam com honestidade, ousadia e como verdadeiros cristãos.

Quantos de nós já nos sentimos inspirados e motivados por algum filme? Sem sombra de dúvida, atualmente os filmes são uma excelente forma de inspirar e motivar as pessoas. Hoje, muitas empresas e igrejas estão utilizando filmes para melhorar o desempenho de seus profissionais e também para evangelizar milhões de pessoas no mundo com um entretenimento capaz de transformar e salvar vidas.

A BV Films, visando trazer esta cultura para dentro das igrejas, lança o projeto BV Cine, no qual oferece à igreja uma oportunidade de auxiliar na evangelização e um material de apoio para a divulgação do filme. Sem dúvida, as igrejas terão em mãos um material mais dinâmico e eficiente para o crescimento do povo de Deus.

bvbooks
WWW.BVFILMS.COM.BR ❖ (21) 2127-2600

SÉRIE HISTÓRIAS BÍBLICAS CONTEMPORÂNEAS

Conheça as histórias bíblicas que consagraram grandes homens à galeria da fé. Em versão totalmente colorida, a série *Histórias Bíblicas Contemporâneas*, composta por 12 livros, traz ensinamentos valiosos para seus filhos. As crianças vão amar as ilustrações e, com uma linguagem atual, vão entender com facilidade as palavras que compõem esta versão parafraseada das histórias dos heróis da fé.

Compartilhe com seus filhos o testemunho do poder de uma fé verdadeira e da ousadia de homens que personificam o poder da fidelidade de Deus para com aqueles que O servem e obedecem.

- DAVI e o Reino de Israel
- JOSUÉ e a Terra Prometida
- JOSÉ e os Hebreus no Egito
- MOISÉS e o Povo de Deus
- GIDEÃO e os Tempos dos Juízes
- ELIAS e os Grandes Profetas
- JESUS no Início de Seu Ministério
- JESUS Faz Milagres e Cura as Pessoas
- JESUS Ressuscita
- JESUS Ensina aos Seus Discípulos
- PAULO e os Apóstolos Espalham a Boa Nova
- NÓE e o Povo Fiel

bvbooks
WWW.BVFILMS.COM.BR ❖ (21) 2127-2600